はじめに…

「なんで近所に私の悪口を言いふらすんですか（泣）」
「私はしてへん。松枝、なんでそんな言い方するんや。ひどい嫁や」
「ひどいのはおばあさんです。もう、ほんまにええ加減にしてください（泣）」

私が7歳のころ、泣きながら訴える母とそんなことはすっかり忘れている83歳のきみ婆さん。夕方になると姿をくらまし、母は山中にある墓地へよく探しに行っていました。やがて帰ってきてケロっとしている祖母に母は「どこに行っていたんですか！（怒）心配で！　心配で…（泣）」と、やり場のない感情をぶつけていました。そうです。祖母は認知症だったのです。いくどとなく繰り返される光景はいまも私の瞼（まぶた）に鮮明です。

いま、日本は未曽有（みぞう）の介護家族を生んでいます。同居・近隣・遠距離・施設にかかわらず、身内のだれかが介護に関わっている（いずれ関わる）、そんな時代になりました。

なんとかやりくりしている介護も、本人が認知症になると、負担のボルテージは数オクターブ上がります。伝わらない会話、忘れる記憶、わからなくなり乱れる生活習慣。そして、「もう限界！」と思い知らされる、受け入れられない数々の行動。しつこく繰り返される問いかけ、乱暴な言葉づかいと態度、現実とはかけ離れた妄想や幻想、知らぬ間に姿を消してしまう徘徊（はいかい）、口に入れるのもはばかられる物を食べる異食（いしょく）、服を尿で濡らし便をこねまわす。これらの行動になすすべもなく、つい怒ったり叩いたり、見て見ぬフリをするしかない介護者は、やがて心身ともに疲れ果て、そのストレスが虐待や介護放棄を生みだすことになります。

認知症をきっかけに、家族は「もう限界！」となりがちです。

でも認知症を引き起こす疾患にはそれぞれに特徴があり、私たちに異様にうつる行動にも、かならず理由があります。便秘になれば下腹部が張って苦しく、トイレが近くなればそわそわします。おいしい食べ物に見えれば口に入れたくなります。さみしくなれば頼りたい人を探し、他人ばかりの中にいれば落ち着かなくて家に帰りたくなります。

では、どのように対応したら本人が落ち着くのでしょうか。それをまとめたのが本書です。認知症の知識と介護保険の利用の仕方だけでなく、家族でもできるプロがやっている認知症介護のノウハウを1冊にまとめた入門書です。さらに関心のある方は巻末の推薦書も合わせてお読みください。

認知症はこわくありません。もっともこわいのは認知症への無知と無理解です。本書が認知症介護に戸惑いながらもがんばっている家族のみなさんの一助になることを願っています。

ケアタウン総合研究所 代表
高室 成幸

身近な人が認知症かなと思ったら読む本

認知症の進み方と介護のポイント

第1章　身近な人にこんな変化はありませんか？

第2章 認知症を正しく理解しましょう

●認知症の知識

第3章 認知症の介護で大事なこと

●認知症の介護

第5章 忘れてはならない介護者自身のケア

第6章 「もう限界!!」と感じたら施設介護を考える

第7章 認知症の方のケアプラン12事例

認知症の進み方と介護のポイント

進行に合った介護

進行に合った介護

認知症の進み方と介護のポイント

軽度（早期・初期）	
比較的ゆっくり進行する	進行のスピード
・もの忘れがひどくなった ・同じことを何度もくり返す ・お金の管理が苦手になった ・しまい忘れや置き忘れが目立つ ・感情の起伏が目立つ ・年月日など日付や時間の感覚が不確かになる ・ガス栓や蛇口の閉め忘れが多くなった	本人の状態
①自分でやれるように、見守り・声かけ・手助け ②事故にならないための気配り・声かけ ③本人の不安を高めないことばかけを ④あわてず、穏やかに、落ち着いて ⑤詰問・しつけ口調で追い詰めない	接し方のポイント
①もの忘れがひどくなったら受診をすすめる ②病院には必ず同行する ③認知症についての知識を深める ④介護保険を申請する ⑤成年後見制度などの利用を検討 ⑥認知症の進行を遅らせるケア （例:食事・運動・趣味・手仕事など）	家族の役割

重度（後期・末期）	中等度（中期）
進行が少しゆるやかになる	徐々に進行が早くなる
・家族がわからなくなる ・家でトイレの場所がわからない ・会話が成立しなくなる ・全面的な介助が必要になる ・運動機能が低下し、寝たきりになる 	・記憶障害がさらに進む ・薬の管理ができない ・季節や天候に合った服が選べない ・ひとりで買い物に行けない ・近所以外は迷子になる ・ことばの言い間違いが増える ・他人のことばが理解できないことがある ・思い通りの動作ができない ・自分の見ているものがときどきわからなくなる ・料理など、順序だてて行動することが難しくなる ・徘徊や夜間せん妄などの問題行動が始まる ・イライラして怒りっぽくなる
①日常の観察を怠らない ②体温・血圧・脈拍などのチェックをする ③薬の事故に注意する ④感染に気をつける ⑤便秘・脱水に気をつける ⑥褥瘡（じょくそう）に気をつける	①問題行動が出ないように不安を軽減させる関わり方をする ②転倒などの家庭内事故や徘徊を予防する ③薬の誤飲・異物の飲み込みなどに注意する ④認知症による変化を受け入れる
①ベッドでの介護や移動をしやすくするために、介護保険で介護ベッドや車いすの貸与サービスなどを受ける ②介護の担い手を増やす ③体調の悪化に注意を払う ④介護施設への入所を検討する	①介護の担い手を増やす ②「認知症の家族の会」などに入会 ③通所介護を利用する ④短期入所サービスの利用には症状が悪化しないように注意する ⑤認知症グループホームを検討する ⑥介護施設への入所を検討する

進行に合った介護

早期・初期の段階はイキイキした暮らしを支援する

大事な3つ

①早期発見・早期治療によって認知症は進行を遅らすことができる
②専門医・かかりつけ医にかかりながら、これまで通りの生活を営む
③外に出て友人や親せきなどと交流ができるように、家族は支援する

「もの忘れが極端に増えた」「会話のやりとりが少しおかしい」と感じたら、まずかかりつけ医に相談し、早めに専門医を受診しましょう。認知症の原因となっている病気によっては、症状を軽減させることができます。完治しないとされるアルツハイマー型も、薬物療法や非薬物療法で進行を遅らせることができます。

また、早期発見することで、認知症の進行に合った支援や介護ができるので、本人にとっても家族にとってもプラスになることが多いのです。個人差がありますが、早期・初期の段階では、日常的な介護の必要はありません。ひとり暮らしも可能です。

この段階での介護のポイントは、これまで通りの「その人らしい生活」をなるべく長く続けられるようにすることです。認知力が低下して、できにくくなったことは家族が助けたり、介護保険のサポートに頼る方法もあります。友人などとの交流は、認知症の進行を遅らせる有効な治療法の1つなので、介護保険の通所介護などを利用して、なるべく閉じこもらない生活ができるように支援しましょう。

早期・初期の介護のポイント

①早期の受診で病気の原因を突き止める

まず認知症かどうかの判定を。認知症なら、原因となる病気がわかれば適切な治療ができる

②介護保険を申請する

介護保険によるサービスを利用すれば、介護負担も軽くなり進行を遅らせることもできる

③これまで通りの生活を維持する

認知度に極度の低下が見られない段階では、本人の意志を尊重した支援を続ける

④医師との連携を怠らない

日常生活に大きな支障がなくても、かかりつけ医や専門医への受診は欠かさない

進行に合った介護

中期では症状を軽くする介護を心がける

大事な3つ

①徘徊（はいかい）などBPSDが顕著になる中期は、いちばん困難な時期と心がける
②BPSDにもあわてず、「本人の不安」を軽くする関わり方を心がける
③介護する家族の安定した気持ちが本人の安心につながる

中期は初期の段階からさらに認知力が低下し、日常生活に支障を来たす症状が見られるようになります。徘徊、夜間せん妄（もう）、暴力、弄便（ろうべん）（便を手でこねること）などのBPSD（認知症の行動・心理症状）が顕著になり、介護が徐々に必要になります。

中期の介護は、要介護者の不安を軽減することです。BPSDは、認知力が低下する不安が原因といわれます。この不安を軽くして穏やかな日常を送ってもらうことが大事です。そのためには、介護者が安定した気持ちで接し、感情的にならないことです。

例えば、おもらしをした要介護者に、「どうして、早くトイレに行かないの？」と責めると、要介護者は不安を抱き、BPSDに拍車がかかります。叱った家族もイライラを募らせただけで益はありません。

認知症高齢者グループホームも選択肢の1つに考えておきましょう。また短期的に利用できる短期入所サービスも介護する側の負担を軽くしてくれます。ただし、いきなり宿泊させると認知症が進むことがあるので、通所介護サービスや体験宿泊などで慣れてから利用する配慮が必要です。

中期の介護のポイント

①BPSDは叱らない

BPSDが出始めてもあわてず、感情的な接し方をしないようにする

②家族の認知症を受け入れる

身近な家族の認知症は認めにくいもの。早く受け入れて、適切な接し方ができるようにする

③失火や転倒事故に気をつける

失火や転倒、行方不明などによる事故を、こまめな見守りで防ぐ

④認知症高齢者グループホームが有効

認知症の人たちがともに助け合って暮らすグループホームも穏やかな暮らしに有効である

進行に合った介護

重度化したら介護者の負担の軽減もポイント

大事な3つ

①中期以降は、なるべく多くの人が関わって介護することを心がける
②通所介護や短期入所介護を利用して、「介護を休む」のも有効
③症状が進み家族介護が困難になったら、施設介護を考える

認知症が重度化すると、身体機能が低下し、やがて寝たきり状態になります。寝たきりにならなくても、食事、排せつ、移動など生活全般に介護が必要になります。今まで中心となる家族が1人で介護を負担していたケースでは、それが困難になります。要介護者との会話が成立しにくくなり、介護者はしばしば無気力感や絶望感を抱くこともあります。介護の担い手を複数にして、なるべく多くの人が関わり、1人の負担を減らすことが大事です。

BPSDが出始めるころから介護に行き詰まると「**介護うつ**」や「**高齢者虐待**」の心配が出てきます。

中期以降の介護のポイントは、無理をしない介護を心がけることです。通所介護や短期入所介護を利用して、「介護を休む」ことも大事です。また、中期から利用したいのが、認知症高齢者グループホームです。認知症の高齢者がともに生活する「暮らしの場」で、ほかの利用者とともに暮らすことで認知症の症状が改善されるケースも少なくありません。

あるいは、特別養護老人ホームや有料老人ホームなどへの入居も検討してみましょう。

重度化したときの介護のポイント

①無理をしない介護を心がける

無理をすると長続きしないので、家族、介護サービス事業者など多くの手を借りる

②「ためない介護」を心がける

「不満」「ストレス」「疲れ」をためないように介護サービスを上手に利用する

③介護者の健康管理を行う

要介護者を優先しがちになるが、介護者自身、適度な運動や健康診断などを欠かさない

④もう限界なら、施設介護を検討する

さまざまな事情で、家庭での介護が困難になったら施設への入居を検討する

C O L U M N

介護に関わる資格のいろいろ

●ケアマネジャー（介護支援専門員）

ケアプランの作成、介護サービス利用の調整や情報提供、介護給付の管理、介護に関わる相談などを行います。

●ホームヘルパー（訪問介護員）

介護が必要な高齢者や障害者の家庭を訪問し生活援助や身体介護を行います。介護福祉士や介護職員初任者研修修了者などが行います。

●看護師

病院や診療所などに勤務し、介護の現場では訪問看護などを担います。

●介護福祉士

身体や精神に障害があり、日常生活に支障がある人の生活上に必要な介護を行います。

●社会福祉士（ソーシャルワーカー）

身体や精神に障害があり、日常生活を営むのに支障のある人のケアについて相談に応じアドバイスや指導を行います。

●福祉用具専門相談員

福祉用具のレンタルや販売にあたり、選び方や使い方をアドバイスします。

●福祉住環境コーディネーター

医療・福祉・建築について知識をもち、住みやすい環境についてアドバイスをします。

●ケースワーカー

福祉事務所の窓口などで相談に応じ、相談者に必要な福祉サービスにつながる役割を担います。

●理学療法士（PT）

事故や病気で身体の機能が損なわれた人を対象に、機能回復訓練（リハビリテーション）を行います。

●作業療法士（OT）

身体や精神に障害がある人に手芸や工芸、絵画などの作業を通して動作機能と生活への対応力を高めるための訓練を行います。

●言語聴覚士

事故や病気で脳機能が障害を生じ構音機能が低下した人の機能回復訓練を行います。

●民生委員

支援を必要とする地域の高齢者や障がい者、児童、生活困窮者などの発見・見守りをし、福祉の支援と相談機関に繋ぐ役割を担います。

第1章

身近な人にこんな変化はありませんか？

認知症の発見

認知症の発見

「もの忘れ」がひどくなったら受診する

大事な3つ

①加齢によるもの忘れと、認知症によるもの忘れはまったく違うもの
②日常生活の中でしばしば見られる、認知症のサインを見逃さない
③早期発見・早期受診が、認知症のケアの決め手になる

もの忘れは、人間が年をとるとだれにでも起きる自然現象です。老親が少し忘れっぽくなったからといって、すぐ「認知症」と決めつけるのは早計です。逆に、自分の親に限って認知症になるはずない、と頭から決めつけるのも危険です。

ただのもの忘れなら心配ないのですが、そのもの忘れに異常さを感じたら、早めの対処が必要です。

ではどんなもの忘れが心配か？　次ページの表のように、時間や場所の認識が薄れてきたら、認知症が疑われます。

認知症の早期・初期の段階はゆっくり進行するので、昨日症状が出ても、今日はまったく普通ということがしばしばあります。そのこと自体が認知症の症状の1つなので、気をつけたいところです。認知症とわかれば、適切な治療を受けたり、関わり方に配慮したり、介護の方針も立てやすいので早めに受診しましょう。また、認知症でなくても、作り話や妄想、無気力などは、老人性うつ病やその他の精神疾患も心配されるので、「少し変だ」と感じたらかかりつけ医や専門医にまずは相談しましょう。

加齢によるもの忘れと認知症によるもの忘れ

認知症の症状	加齢によるもの忘れ
・病気である ・進行する ・体験したことを忘れてしまう ・記憶力だけでなく、時間や判断が不確かになる ・自分がいる場所がわからなくなる（自宅に帰れなくなる） ・日常生活に支障がある ・他の精神症状をしばしばともなう ・もの忘れをしばしば自覚しない	・病気ではない ・すぐに進行しない ・体験の一部分を忘れてしまう ・記憶力だけが衰える ・自分がいる場所がわかる（自宅に帰ることができる） ・日常生活にとくに支障はない ・他の精神症状をともなわない ・もの忘れを自覚している

こんな症状はありませんか？

認知症の発見

認知症が疑われたらどこで受診するか？

大事な3つ

①まずはかかりつけ医に診てもらい、専門医を紹介してもらう
②通院することも考えて、自宅に近い医療機関を受診する
③本人を納得させて受診することが大切

認知症の原因となる病気はさまざまです。原因となる疾患によって治療法が違うので、原因を究明することが第一です。そのため、認知症を診る科も、神経内科、老年科、精神科、脳神経外科の他、病院によっては、もの忘れ外来やメモリー外来など、複数の科があります。

これらの専門医がいる医療機関を探すのも1つの方法ですが、初めての病院は、だれでも緊張したり、不安でいっぱいになったりするもの。症状を医師に的確に説明することも案外難しいものです。

そこでまず、かかりつけ医に診てもらい、専門医のいる医療機関に紹介状を書いてもらいましょう。かかりつけ医がいない場合は、次ページの表にある相談窓口で紹介してもらうこともできます。紹介先の病院は、通院することを考えて、自宅に近い医療機関のほうがよいでしょう。病院で受診するときは、嘘をついたり、無理やり連れて行ったりすると、正しい診断が下されないだけでなく、周囲の人間に対して不信感をいだき、その後の介護に支障がでます。本人を納得させて受診することが大切です。

病院以外で認知症の相談ができるところ

各市区町村の認知症相談窓口	各市区町村によって担当窓口の名称は異なるが、おおむね高齢者福祉関連の部署が担当している
地域包括支援センター	高齢者に関する幅広い相談窓口で、地域の専門医療機関の紹介や、介護保険の手続きの説明、介護予防ケアプランの作成なども行う
在宅介護支援センター	市区町村から委託された法人で、要介護認定非該当者の支援や、介護予防事業の推進・普及等を無料で行う
介護支え合い相談（厚生労働省助成事業）	介護者のさまざまな悩みを聞き、必要な情報の提供や、専門機関への取り次ぎなどを行う
高齢者総合センター（シルバー110番）	高齢者やその家族のための相談窓口で、電話・面談・文書などで、さまざまな相談を無料で行う

無理なく受診させるために、こんな話し方をしてみましょう

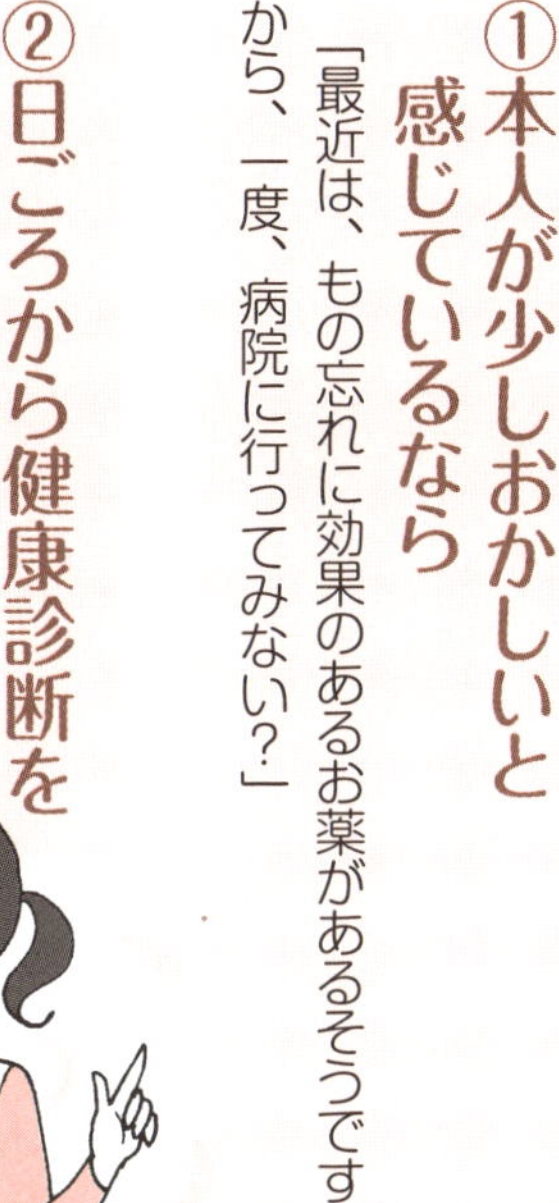

①本人が少しおかしいと感じているなら

「最近は、もの忘れに効果のあるお薬があるそうですから、一度、病院に行ってみない？」

②日ごろから健康診断を受けているなら

「毎日元気で生活できるのも、日ごろから健康診断を受けて体調を管理しているおかげよね。病気の予防のためにも、体調のよい今のうちに、いろんなところの検査をしてみない？」

③季節の変わり目や、天候不順が続く時期なら

「このところ寒暖の差が激しいし、体調管理のためにも病院に行って、いろいろと検査してみない？」

認知症の発見

医師に相談するときの注意点

大事な3つ

①本人に聞かせたくない話は、付き添いの人が事前に医師に伝える
②日常的なことばで症状をメモにまとめておく
③セカンドオピニオンを活用し、納得したうえで治療を行う

受診するときは、たとえ症状が軽くても、家族など身近な人が同行しましょう。できれば、その後の介護の中心となる人が望ましいでしょう。

本人が傷つくような内容の話は、診察の前に、付き添いの人だけが医師と面談する時間を設けてもらい、事前に伝えておきます。限られた時間で症状を伝えるには、「メモ」が有効です。自分で調べた専門用語などを使わずに、日常的な言葉で記録したほうが、より正確に症状を理解してもらえるでしょう。

また、医療全般にいえることですが、認知症においても、医師によって治療法が異なります。診断結果や治療法について、納得できないという場合などには、セカンドオピニオンの活用を検討しましょう。

セカンドオピニオンは「診療」ではなく「相談」になるため、健康保険の対象とはならず、全額自己負担となります。検査資料を提供してもらえば、再検査による肉体的・精神的疲労を軽減することができます。また、別の病院で一から検査を受けなおす転院という方法もあります。介護にかかわる人すべてが納得して治療を開始しましょう。

症状を伝える「メモ」の中身

□生年月日、年齢、性別　□過去の病歴・ケガ、手術や事故の経験
□現在治療中の病気　□現在飲んでいる薬、サプリメント、健康食品など
□アレルギーの有無　□酒・煙草の摂取量
□1日の生活リズムと睡眠時間　□食生活の状態
食事の好みと量、回数、脂肪・塩分・糖分の摂取状況、間食の有無など
□運動量
体操、散歩、やっている家事など
□これまでの経過
いつごろから、どのような変化が出始めたかを、具体的に書く
例えば、「孫の名前がでなくなった」「3分前に頼んだ用事をやってなかったので、問い質したら聞いてないと怒った」「いつも行くスーパーで、レジの場所がわからなくなった」「帰ってこられなくなった」など
□現在の状況
生活習慣の変化や、気になることを具体的に書く
例えば、「これまで日常的に行ってきた家事や仕事はできているか」「気分が落ち込んだり、突然怒り出したりするなどの感情の起伏はないか」「趣味を楽しんでいるか」また、「食べ物の嗜好や着る物に変化がないか」など

こんな時、セカンドオピニオン外来を受診しましょう

診断方法や診断名、治療方法に疑問や不安がある

担当医の説明内容が不明確でよく分からない

治療法や薬など、ほかに選択肢があれば知りたい

もし、医師によって違った「見立て」があるなら知っておきたい

認知症の発見

認知症と診断されても家族はあわてない

大事な3つ

①認知症と診断されて、最もショックなのは本人である
②認知症の人にも、過去の記憶や感情、意思がある
③家族が認知症を受け入れることで、より負担の少ない介護ができる

親や配偶者が認知症と診断されたら、だれでもショックを受けるでしょう。しかし、最もショックなのは、本人であることを理解してください。

よく、認知症の人は何も考えられなくなると思われがちですが、それは違います。特に軽度の場合、新しい記憶が残りづらくなったり、思考能力が低下するだけで、過去の記憶や感情、意思は明確にあります。本人も不安を抱えて受診しているのですから、家族が嘆き悩んでばかりでは、本人をもっと不安にさせるだけ。診断結果を話すときにも、配慮が必要です。

認知症は、原因となる病気によって違いますが、損傷した脳は回復する可能性の少ない進行性の症状です。本人の体力があるうちは問題行動などをひんぱんに起こし、介護の難しい状態が続きます。だからこそ、まず家族が受け入れることが大切です。

長く続くであろう介護生活を、介護者と要介護者が、より快適により負担を少なく過ごしていくには、何を準備し、何に考慮したらよいか。症状が進行する前に、家族で話し合っておくことで、介護に対する心の準備が次第にできていきます。

認知症に対する家族の不安

(複数回答:上位5項目)

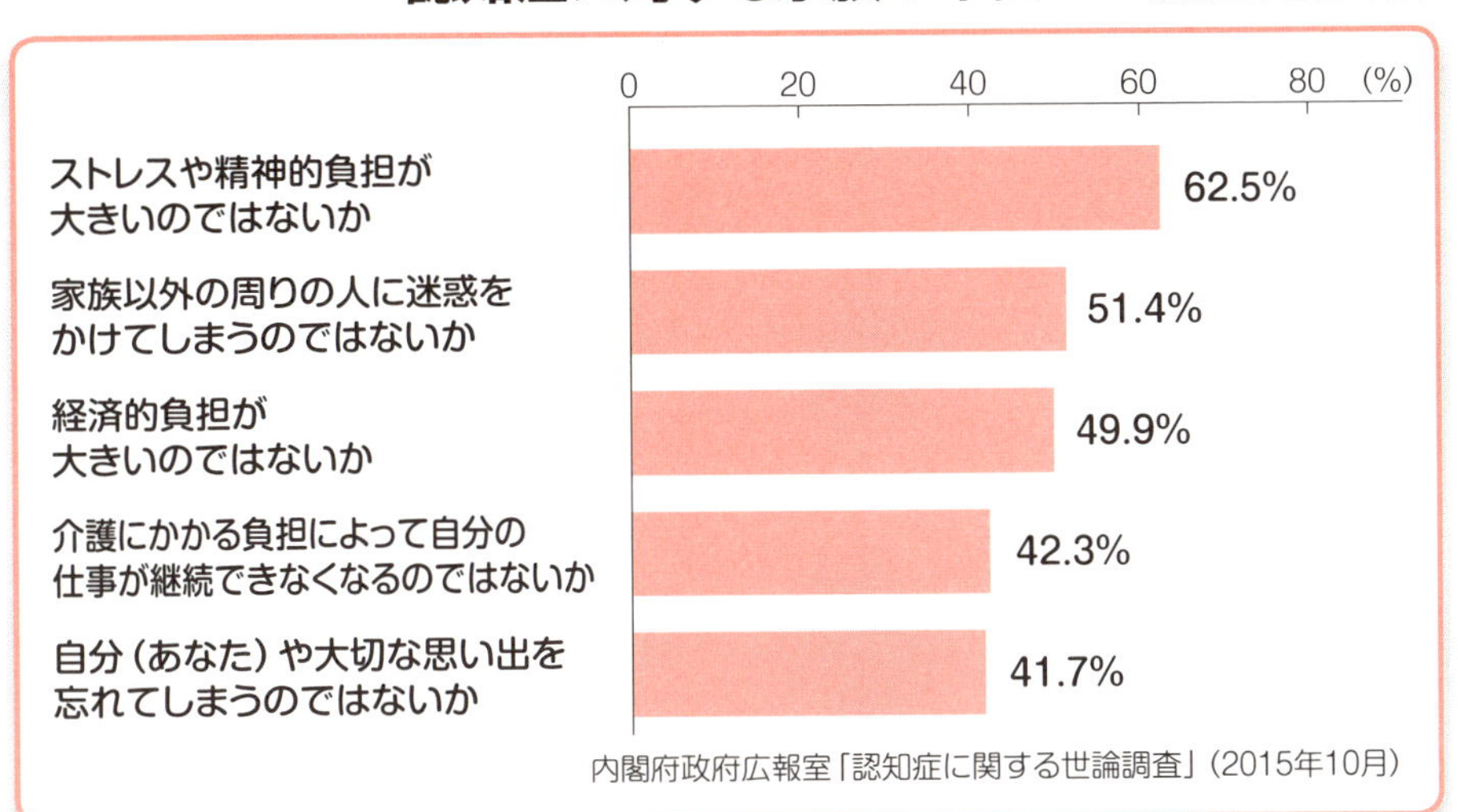

内閣府政府広報室「認知症に関する世論調査」(2015年10月)

認知症と診断されたら、本人にどう伝えるか?

①冷静に受け止められそうな場合

告知には、本人が積極的に治療に取り組んだり、介護生活を受け入れることで、穏やかな日々を過ごすことができるというメリットがあります。

とはいえ、いざ認知症と診断されれば、相当ショックを受けることは間違いありません。「早く治療を開始すれば、薬の効き目も高いから」と、希望がもてる話し方が望ましいでしょう。

②高齢で理解が難しい場合

認知症について正しい理解が得られそうにない場合、「もの忘れが多いから治療をしましょう」という程度に留めておくのも1つの方法です。

認知症の発見

認知症をよく知ることが大切

大事な3つ

①社会生活から遠ざけると、かえって進行を早めてしまう
②規則正しい生活と、周囲の人との関わりを大事にする
③プライドを傷つけない態度で介護にのぞむ

認知症と診断されたからといって、すぐにすべての社会生活ができなくなるわけではありません。

認知症の病因にもよりますが、軽度の場合、それまで行ってきた家事を取り上げたり外出をさせないなど、社会生活から遠ざけてしまうことで、症状の進行を早めてしまう場合があります。

朝起きたら、服を着替え、洗面をし、きちんと食事をして、できれば散歩をしたり、人と会う機会を作るなど、規則正しい生活を行うことが大切です。

ただし、今までできていたことができなくなったり、ひとつひとつの行動に時間がかかったりします。そんな時は、焦らせたり叱ったりせず、見守りお手伝いする態度で接しましょう。

認知症の人は、人格を失ったわけではありません。自分自身もできないことにいら立ち、怒ったり落ち込んだりしています。子ども扱いし、しつけや叱るような態度で相手のプライドを傷つけると、信頼関係が崩れます。叱られたという嫌な感情から、食事や排泄・入浴などすること自体を煩わしく思い、介護者の言うことをきかなくなることもあります。

認知症に関する「よくある誤解」

	✕		
生活	何をするかわからず外に出るのも危ないから部屋に閉じ込めておく		できるだけそれまでと同様の生活を送ることで進行を緩やかにすることができる
生活	家事などは危ないのでいっさいやらせないほうがよい		できることは、自分でやってもらうことで、生活に張り合いが生まれる
意識	何を話しても理解できないから小さな子どもと同じように接するしかない		認知症の人には自覚があります。プライドを傷つけないように接することが、よりよい介護生活を送るコツ
問題行動	BPSDは認知症である以上あきらめるしかない		BPSDは、認知機能の低下によるいら立ちなどから起こると考えられている。安心感を与えられるような介護を心がける

認知症の発見

早期発見が病気の進行を遅くする

大事な3つ

①病気の原因や症状によっては、薬で進行を遅らせることができる
②適切な対応ができることで、要介護者が安定する
③介護者は、BPSDを受け入れられる

アルツハイマー型認知症は完治しない病気であるといわれていますが、だからといって、まったく手の施しようがないわけではありません。

たとえば、認知症を引き起こす原因の約半数を占めるアルツハイマー病の場合、塩酸ドネペジル（商品名：アリセプト）などの飲み薬やリバスチグミン（商品名：イクセロンパッチ、リバスタッチパッチ）といった貼り薬もあります。

また、運動療法や音楽療法、過去の記憶や体験を話すことで脳を活性化させる回想法などの非薬物療法でも、進行を遅らせることができます。

要介護者と意思の疎通が図れる早期のうちに、認知症であることがわかれば、適切な対応ができ、それによって要介護者も安定した日常生活を長く送れるようになるのです。

介護者にとっても、落ち着いた状態が続けば介護が楽です。症状が進んで問題行動を起こしても、あらかじめ知識や関わり方を学んでおけば、動揺することなく受け入れることができます。

早期発見のメリット

①薬で進行を遅らせることができる

病気によっては薬で進行を遅らせることができる

②薬物以外の療法も期待できる

運動療法や回想法などで進行を遅らせることができる

③適切な介護ができる

適切な対応ができ要介護者が安定する

④介護者が受け入れられる

介護者がBPSDを理解することで、認知症を受け入れることができる

COLUMN

「成年後見制度」を利用する

認知症などによって判断力が低下した高齢者の、さまざまな契約行為をサポートするために制度化されたのが「成年後見制度」です。

この制度は現在、判断力が衰えた人を対象にした「法定後見制度」と、将来のために準備しておく「任意後見制度」があります。

法定後見制度は本人の判断力によって、「後見」、「保佐」、「補助」という３つの法定後見人の分類があります。

もう１つの任意後見制度は、本人が信頼できる人と任意後見契約を結び、やがて判断力が低下してきたら、契約を結んだ後見人が、本人に代わっての契約行為や財産管理などを行う制度です。

法定後見人の種類

類型	後見	保佐	補助
対象になる人	判断能力が欠けているのが通常の状態の人	判断能力が著しく不十分な人	判断能力が不十分な人
申し立て人	本人、配偶者、四親等内の親族、市区町村長　など		
申し立て時の本人の同意	不要	必要	
後見人の同意(取消)が必要な行為	日常生活に関する行為以外の行為	民法13条1項(借金、訴訟行為、相続の承認・放棄、新築・改築　など)に定める行為	民法13条1項に定める行為の一部 ※本人の同意が必要
代理権の範囲	財産に関するすべての法律行為	申し立ての範囲内で、家庭裁判所が定める特定の法律行為	

第2章

認知症を正しく理解しましょう

認知症の知識

「認知症」とはどういうものか？

大事な3つ

①認知症は、脳細胞がこわれることで、引き起こされる
②認知症の原因となる病気はさまざま
③進行を遅らせたり、症状を緩和させたりできる

認知症とは、簡単にいうと、脳の細胞がこわれることで引き起こされるさまざまな症状の総称です。脳は、記憶をはじめ、思考や判断、さらには運動まで、私たちの活動のすべてをコントロールしていますから、細胞がこわれることで、さまざまな障害が現れてくるのです。

細胞が破壊される原因としては、多くの病気があげられますが、その中でも認知症に特に影響が多いのが、「**アルツハイマー病**」と「**脳血管障害**」です。

認知症になると、記憶が失われる、時間や季節がわからなくなる、今いる場所がわからなくて迷子になる、子どもを親と間違える、込み入った話が理解できない、洗濯機や銀行のＡＴＭの使い方がわからない、料理などの段取りができなくなる、などの症状が現れます。さらに、現実を認識できなくなることや病気への不安から、うつ状態や、徘徊、失禁、妄想などがでることもあります。そして、最後には、運動能力が低下し寝たきりになります。現在、認知症の根本的な治療薬はありませんが、進行を遅らせたり症状を緩和させることはできます。

認知症の概念

認知症とは、脳細胞がこわれることでおこるさまざまな症状の総称です

脳細胞がこわれる原因には多くの病気があります

アルツハイマー病
脳血管障害（脳出血、脳梗塞など）
レビー小体病
その他　数十種あるといわれる

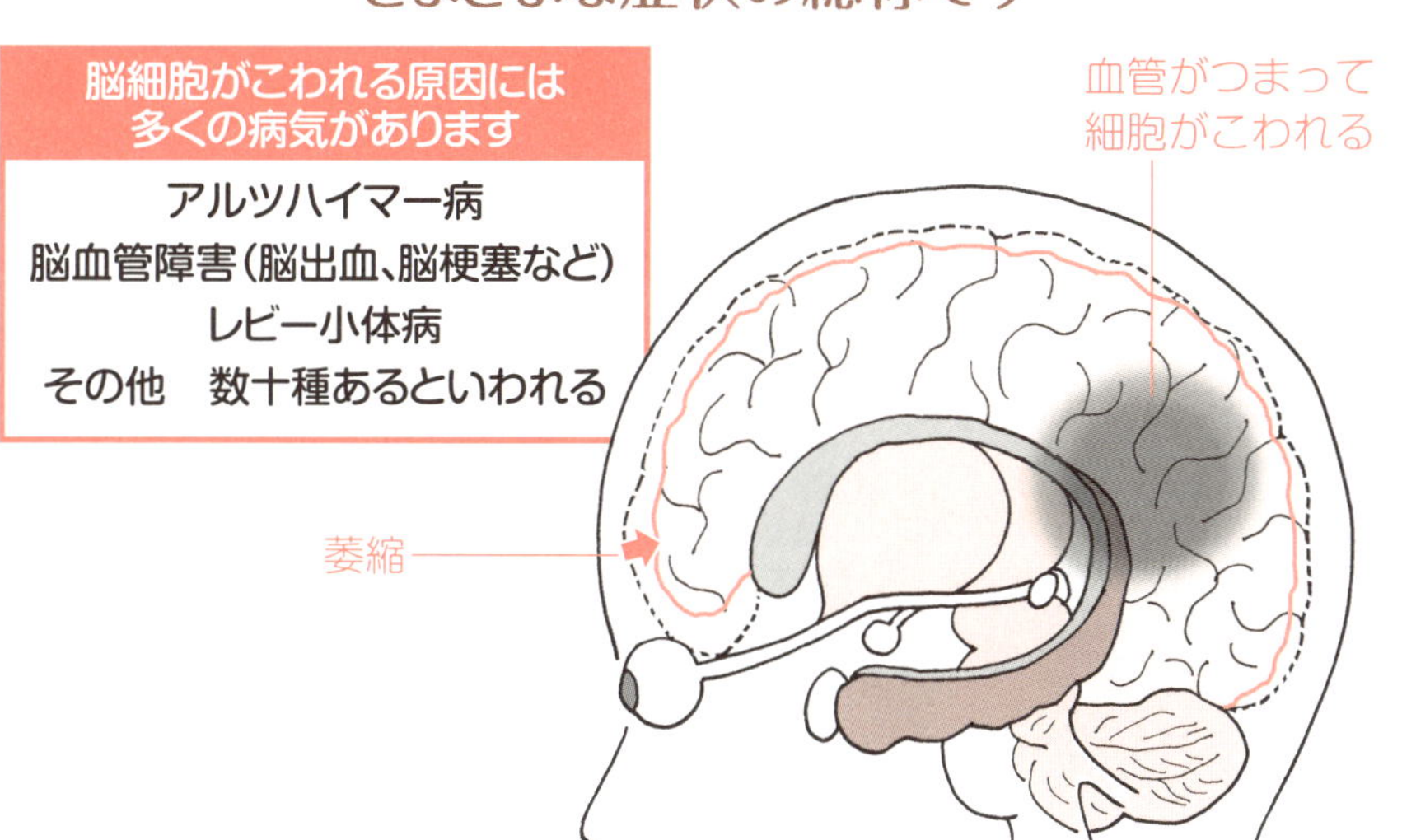

少しずつ脳細胞がこわれることでこんな症状が現れます

知能	
健忘	もの忘れ、覚えられない、くり返し同じことを言う
見当識障害	日時・場所・人がわからなくなる
思考障害	思考力、理解力が低下し、計算などができない
認知障害	見分ける力が低下し、人違いなどをする

身体	
歩行障害	うまく歩けない
嚥下障害	食べ物が飲み込めない
膀胱直腸障害	尿や便がでにくくなり、失禁もおこす

※この他に、「妄想」などの心の症状、「徘徊」などの問題行動が、現れることもある。詳しくは第4章を参照

認知症の知識

認知症の原因となる病気

大事な3つ

①アルツハイマー病・脳血管障害・レビー小体病がほとんどを占める
②アルツハイマー病と脳血管障害の混合型もある
③原因となる病気によって症状は異なる

認知症を引き起こす病気は、次ページの表のようにたくさんあります。しかし、現在日本で見られる認知症のほとんどは、「**アルツハイマー型**」「**脳血管障害型**」「**レビー小体型**」であり、これらを認知症3大疾患と呼ぶこともあります。

高齢者のアルツハイマー病には脳血管障害型との混合型も見られ、この場合は症状が複雑になります。

また、65歳未満で発症する若年性認知症では、脳血管障害が原因のトップになります。（47ページ参照）

認知症を引き起こす病気の多くは、治療法が見つかっていませんが、中には治療可能なものもあります。（49ページ参照）

認知症は、原因となる病気が異なれば、症状も細かく違ってきます。たとえば、前頭側頭型認知症は、脳の前頭葉や側頭葉が萎縮する病気です。記憶を担当する脳の後ろ部分は正常なため記憶障害はあらわれませんが、性格変化や異常行動（万引き、汚い身なりなど）で、対人関係のトラブルなどを発生させます。

認知症の原因となる主な病気

分類	主な病気
脳の変性による病気	●アルツハイマー病 ●びまん性レビー小体病 ●前頭葉・側頭葉の変性 ●パーキンソン病 ●ハンチントン病 ●進行性核上麻痺 ●脊髄小脳変性症 ●皮質基底核変性症　など
脳血管障害	●脳梗塞（塞栓または血栓） ●脳出血　など
内分泌・代謝性・中毒性の病気	●甲状腺機能低下症 ●下垂体機能低下症 ●ビタミンB12欠乏症 ●肝性脳症 ●電解質異常 ●脱水 ●ウェルニッケ脳症 ●ペラグラ脳症 ●アルコール脳症　など
腫瘍性の病気	●脳腫瘍（原発性、転移性） ●癌性髄膜炎　など
感染性の病気	●髄膜炎 ●脳炎 ●脳膿瘍 ●進行麻痺 ●クロイツフェルト・ヤコブ病　など
外傷性の病気	●脳挫傷 ●脳内出血 ●慢性硬膜下血腫　など
その他	●正常圧水頭症 ●多発性硬化症　など

厚生労働省「平成21年認知症予防・支援マニュアル（改訂版）」

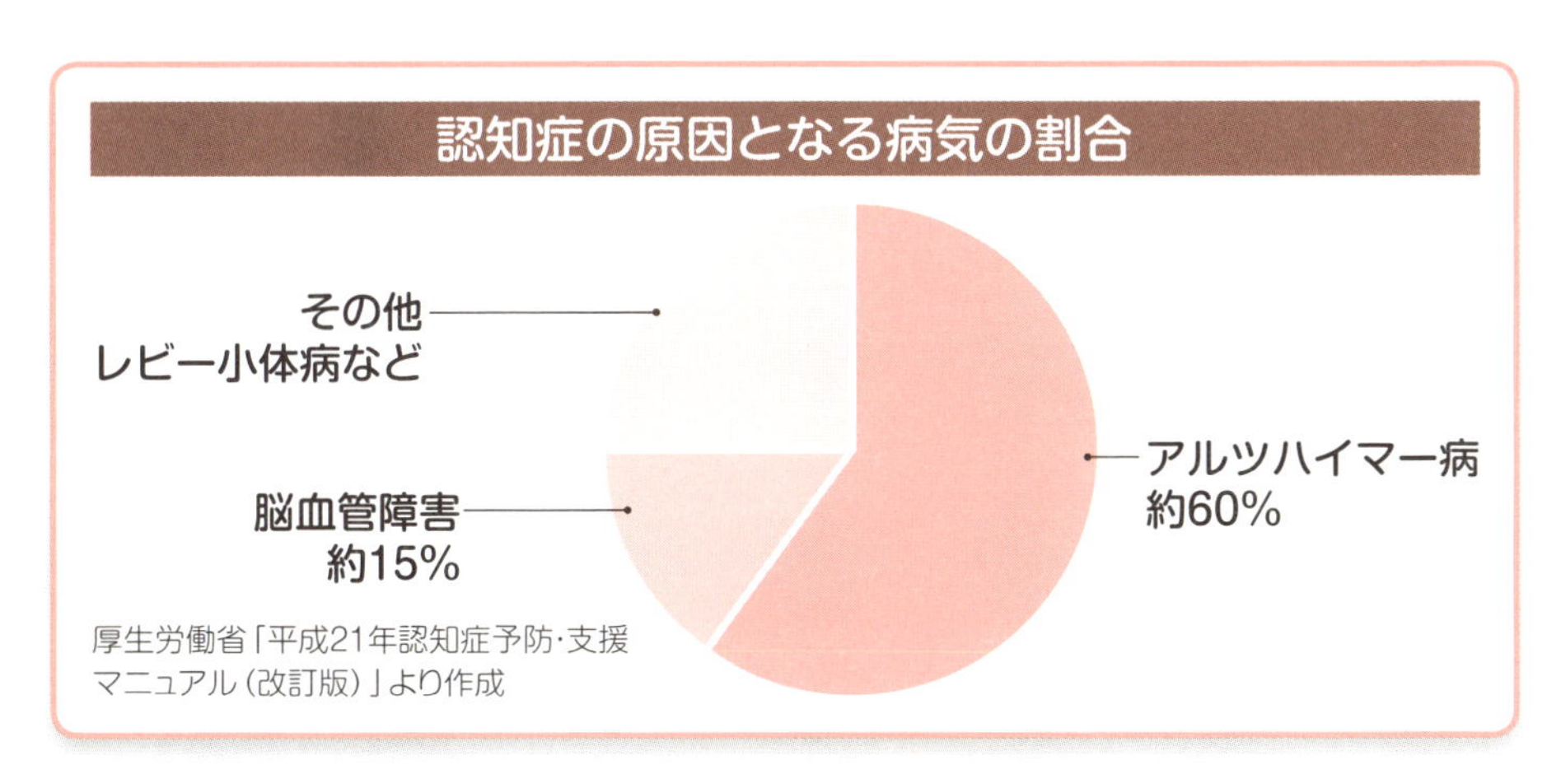

厚生労働省「平成21年認知症予防・支援マニュアル（改訂版）」より作成

認知症の知識

アルツハイマー型認知症の特徴①

大事な3つ

①原因は不明だが、脳に老人斑が現れ、萎縮する
②短期記憶障害から始まり、急速に進行し、数年後に寝たきりになる
③治療によって進行を遅らせたり、症状を緩和したりできる

認知症患者の半数以上が、アルツハイマー型であるといわれています。1907年にドイツの精神科医アロイス・アルツハイマーが症例を発表したことから、この名がありますが、原因は現在でもわかっていません。有力な説として、脳の中のアミロイドβ(ベータ)タンパク原因説があります。

βタンパクは、脳細胞の活動の結果作られるゴミのようなもので、通常は酵素によって掃除されます。しかし何らかの要因で酵素が減ると、βタンパクがたまり始めます。βタンパクは茶色いシミのように見えるため、老人斑とも呼ばれ、アルツハイマー病患者の脳には、この老人斑が多いのが特徴です。

βタンパクは、まず記憶を担当する海馬(かいば)に作用します。そして、だんだんと脳全体を侵します。

アルツハイマー病患者の脳は、老人斑が広がり、空洞が増え、全体的に萎縮します。成人の脳の重さは約1400グラムですが、アルツハイマー病発症から約10年後には、800~900グラムになります。

ただし、老人斑があり、脳の萎縮が見られても発病しない人も多く、さらなる解明が待たれます。

脳にアミロイドβ（ベータ）タンパクがたまり、ゆっくりと進行する

発症前

20年ぐらい前から、アミロイドβタンパクが、たまり始める

軽度

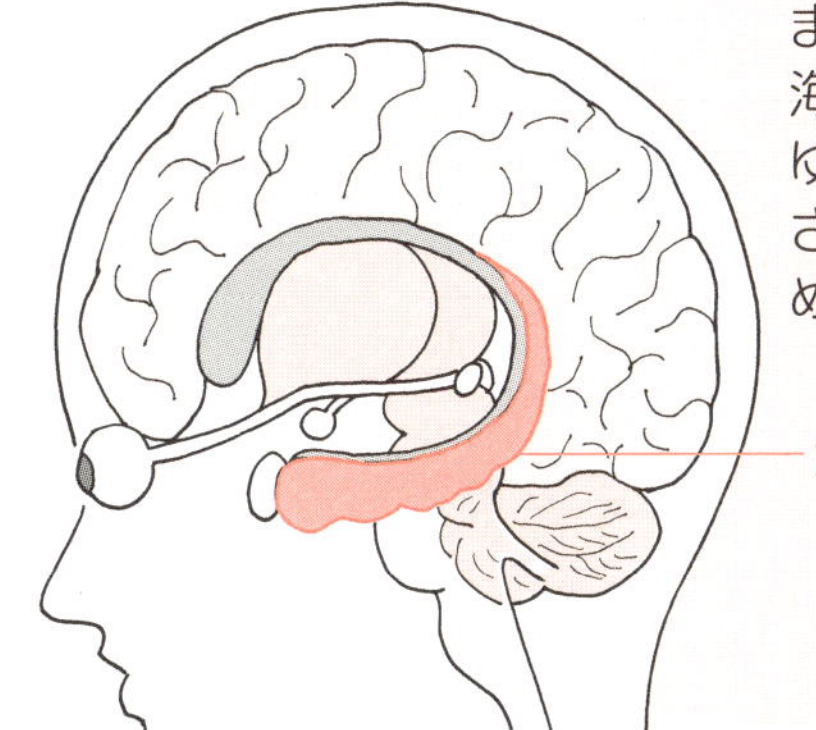

まず、記憶を分担する海馬から、左右対称にゆっくりと脳細胞が侵されていく。そのため、記憶障害がおこる

中度〜重度

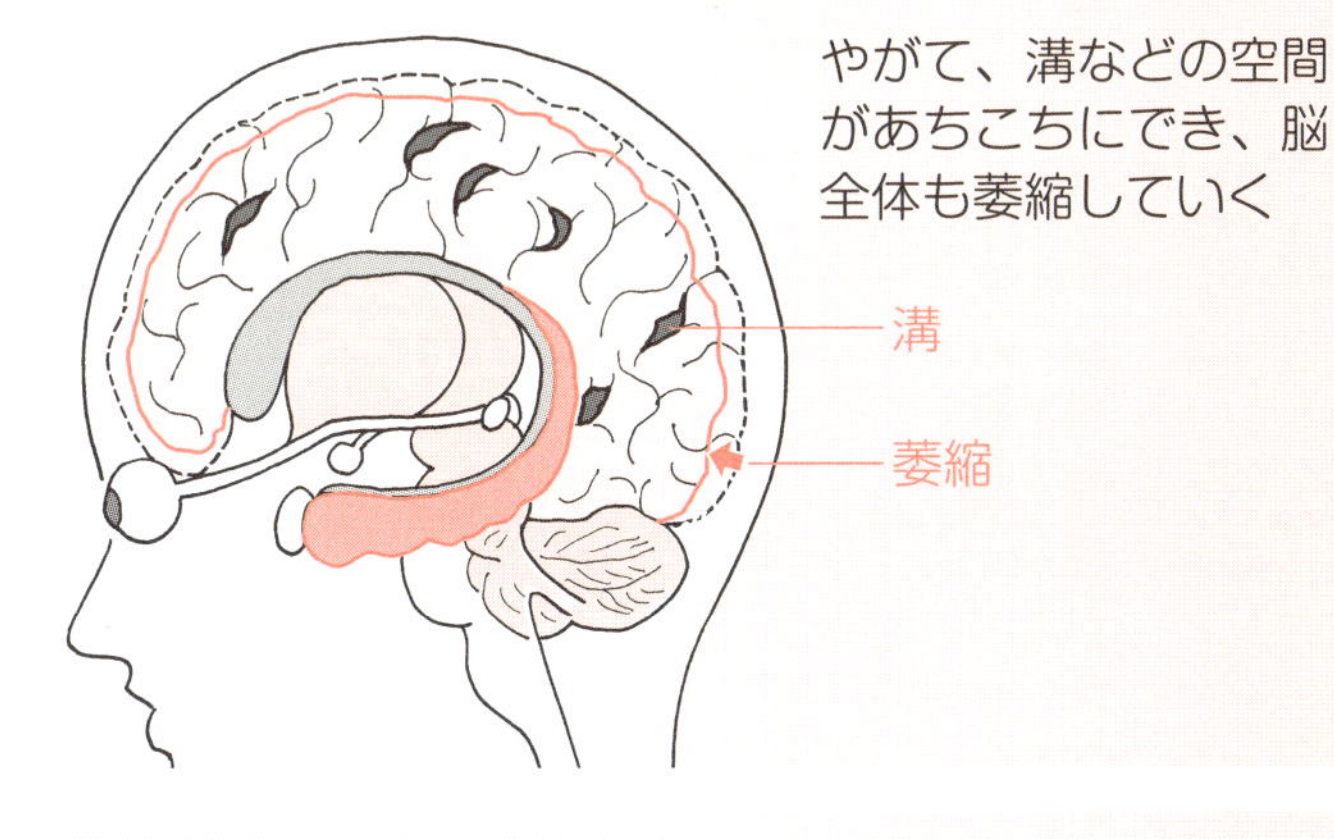

やがて、溝などの空間があちこちにでき、脳全体も萎縮していく

終末期

脳の萎縮が進み、寝たきりとなる。やがて生命活動が維持できなくなる

●アミロイドβタンパクがたまっても発症しない人も多い

アミロイドβタンパクは老人斑ともよばれ、正常な人でもおこる老化現象。脳の萎縮も同じ

●進行を遅らせることができる

衰えた海馬細胞を活性化させ、最大で約10カ月進行を遅らせることができる塩酸ドネペジル（商品名:アリセプト）などの薬が開発されている

認知症の知識

アルツハイマー型認知症の特徴②

アルツハイマー病は、いつ発病したのかはっきりわからず、初期はなだらかに進行します。脳の侵食が記憶を担当する海馬(かいば)から起こるため、近い記憶ができない「もの忘れ」から始まるのが特徴です。さらに、時間がわからなくなったり、自発性が低下します。

やがて言語の障害が始まると、さまざまな混乱が生じます。古い記憶も失われ、さらには、自分や家族のこともわからなくなります。判断力がなくなり、料理などもできなくなります。場所がわからなくなるため迷子になります。この時期には、暴言、徘徊、幻覚、妄想などの周辺症状と呼ばれるものも見られるようになります。

終末期には、起きて生活することができず、寝たきりになります。統計的には発病から約8年で最期を迎えます。

進行の過程はそれぞれですが、記憶障害から始まり、やがて寝たきりになるのは、だれもが同じです。

アルツハイマー型認知症の特徴としては、アルツハイマー病は高齢になるほどかかりやすくなるため、平均寿命が長い女性の患者が多いことがあげられます。また、自分が病気であるという自覚がなく、人格がだんだんと変化していきます。

介護面からいえば、集団活動になじみやすいため、デイサービスなどを利用しやすいという特徴があります。なじみの仲間やなじみの場所ですごすことで心が安定する傾向があります。

アルツハイマー病の予防法

アルツハイマー病はだれにでも起こる可能性がありますが、病気になりにくい生活を心がけることで発症を予防することができます。また、その予防策によって発症した場合も進行を遅らせることができることがわかっています。代表的なアルツハイマー病予防には、次の3つがあります。

予防法① ちょっと汗ばむ程度の運動

適度な運動をしている人は、していない人に比べて、アルツハイマー病になる危険度が3分の1になると言われています。1回20分以上、ちょっと汗ばむ程度の運動を、週2回以上がめやすです。

予防法② 会話で脳を活性化

家族や友だちとの接触が多い人は、アルツハイマー病になりにくいと言われています。会話が、脳を活性化するからだと考えられています。

予防法③ 生活習慣病に気をつける

高血圧、高コレステロール、肥満が見られる人は、アルツハイマー病になりやすいと言われています。これらは、生活習慣病、なかでも脳血管障害を引き起こす原因ともなるためです。数値が高めの人は、食生活に気をつけましょう。

認知症の知識

脳血管性認知症の特徴

大事な3つ

①脳出血や脳梗塞などによって、脳の損傷が原因で起こる
②再発作を予防することで、進行を食い止めることができる
③生活管理やリハビリに取り組むことで改善が期待できる

脳血管性認知症とは、脳梗塞や脳出血などによって脳細胞が損傷することで起こります。アルツハイマー型と比べて、男性が多いとされています。

脳は場所ごとに担当する機能が違うため、どこで血管障害が起こったかによって症状が異なります。たとえば、記憶障害は深刻だけれど、判断能力は問題ないというような「**まだら症状**」が起こります。人格も後期まで保たれることが多いといわれます。

経過は、発作のたびに段階的に悪化します。ですから、再発作を起こさないように注意することで、進行を予防することができます。発作の原因となる高血圧や糖尿病を治療し、また急激な環境の変化などストレスを避けることが有効です。

さらに、血管障害によって失われた機能は、リハビリによって症状が改善することもあります。

集団生活を嫌がったり、気分の変動が激しいなど、〝気難しい〟面もありますが、だからといってこもりがちになると、さらに認知症を悪化させてしまいます。発症後も健康管理やリハビリを積極的に行うことが大切です。

損傷の場所によって症状が異なる

原因となる発作

主な脳血管障害

脳梗塞

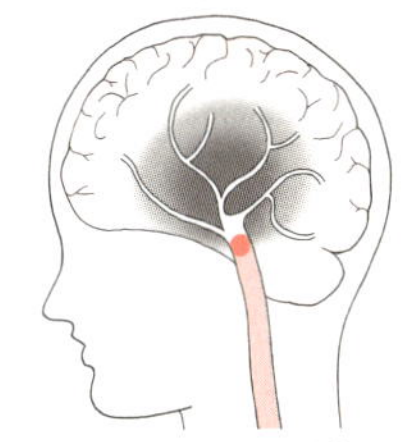

動脈硬化や血栓によって動脈が詰まり、血液が流れなくなる

脳出血

細い血管が破れて出血する

クモ膜下出血

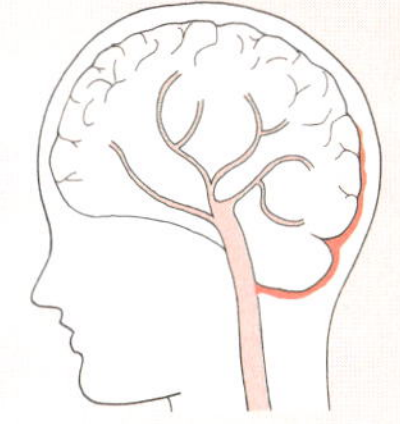

脳を覆っている、クモ膜と軟膜の間「クモ膜下腔」で、動脈瘤などが破裂し出血がおこる

認知症

損傷の場所によって症状が異なる

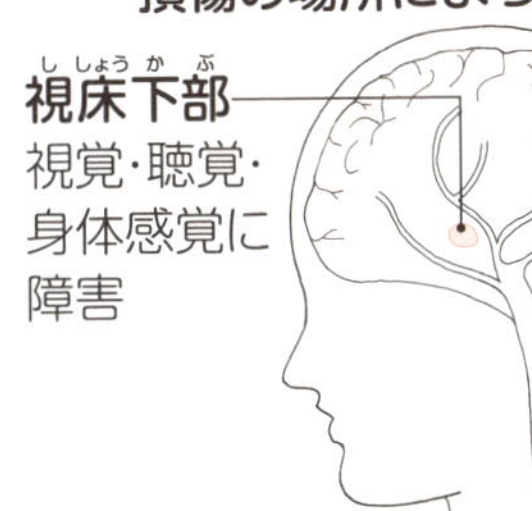

角回（かくかい）
字が書けない
読めない

「まだら症状」が特徴

脳は、場所によって担当する機能が異なる。そのため、どこの血管が障害を受けたかによって、症状が異なる

経過

高い
認知機能
低い
発作
発作
発作
発症後の年数

発作がおきるたびに症状が悪化する

2回目以降の発作を抑えることで進行を予防することもできる

●その他の特徴

集団を嫌がったり、うつ症状がでやすい。また1日の中で気分の変動が激しい傾向もある

認知症の知識

レビー小体病による認知症の特徴

大事な3つ

①レビー小体病には日内変動と日間変動があり、個人差がある
②初期に幻視・錯視・妄想・睡眠障害が見られる
③パーキンソン病と同じ症状が現れる

これまで、アルツハイマー型や脳血管型だと思われていた認知症のなかに、びまん性レビー小体病に由来するものがあることがわかってきました。びまん性レビー小体病とは、大脳皮質の神経細胞に「**レビー小体**」という特殊な構造物が出現する病気です。

レビー小体型認知症では、パーキンソン病と同じような症状（歩行が不安定になる、体が固まる、など）が出ます。「日内変動（1日の間の変動）」と「日間変動（月や週単位での変動）」があり、現れ方には個人差があります。

レビー小体型認知症の最大の特徴は、初期に幻視（赤ちゃん・子どもなどの「人」や犬・猫などの「動物」、さらに「虫」などが見える）があったり、錯視が起こることです。本人は「何かおかしい」とわかるものの、幻覚がリアルなため、おびえて被害妄想になったり、興奮したり攻撃的になることもあります。また睡眠障害もあり、これらの症状のため、精神科にかかることも少なくありませんが、やがてパーキンソン病、アルツハイマー病の症状が現れるとレビー小体型認知症であることがはっきりします。

初期に幻視や錯視がでる

初期

●リアルな幻視
・「リビングで5人の子どもが走り回っている」、「死んだはずの母親が、ベッドに入りこんでくる」など、リアルな幻視を見る
・樹木の幹が人に見えるなどの錯視を見る
・まったく正常なとき、様子がおかしいときが、交互に現れる

こう対応!

本人にとって幻視はとてもリアルだが、「でも、おかしい」と意識している部分もある。「おばあちゃん、変だよ」と騒ぎ立てることなく、早期受診をうながす

中期

●歩行障害や動作の遅れ
・歩きにくい、動きが遅い、手が不器用になる、よだれが垂れるなどパーキンソン病と同じような症状が見られる

●記憶障害
・もの忘れ症状などアルツハイマー病に似た症状があらわれる

後期

●パーキンソン病症状
・寝たきりになるまでが早い

パーキンソン病と同じ症状がでる

進行するとパーキンソン病とレビー小体病の症状は共通するため、ふたつを同じ病気ととらえる考え方もある

●レビー小体とは?

パーキンソン病患者の中脳細胞に見られる封入体(特殊な構造物)のこと。このレビー小体が大脳皮質に現れる認知症が発見され、レビー小体型認知症と呼ばれるようになった

認知症の知識

若年性認知症の特徴と介護

大事な3つ

①65歳未満で発症する認知症は、若年性認知症と呼ばれる
②一般の認知症に比べて、進行が早い
③家族の負担が大きいため、公的サービスを積極的に利用したい

認知症は高齢者の病気、というイメージが強いのですが、若い世代でも発症することがあり、若年性認知症と呼ばれます。

若年性認知症は、進行が早いのが特徴です。一般の認知症と同様に、早く発見できれば、それだけ進行を遅らせることができますから、なるべく早く医療機関を受診しましょう。

厚生労働省が行った家族への調査では、最初に気づいた症状で一番多かったのが「**もの忘れ**」（50％）でした。さらに「**行動の変化**」（28％）、「**性格の変化**」（12％）、「**言語障害**」（10％）と続きます。行動・性格の変化とは、それまでと比べて自己中心的になったり、他人への配慮がなくなったりします。「おかしいな」と感じたら、専門医を受診し、脳の検査を受けましょう。

また、若年性認知症は、働き盛りでの発病であるため、家族の経済的、精神的負担が大きいことも特徴です。公的サービスが整いつつあるので、コールセンターや市区町村の窓口に相談し、負担をかかえこみすぎないようにしましょう。

65歳未満でも認知症になります

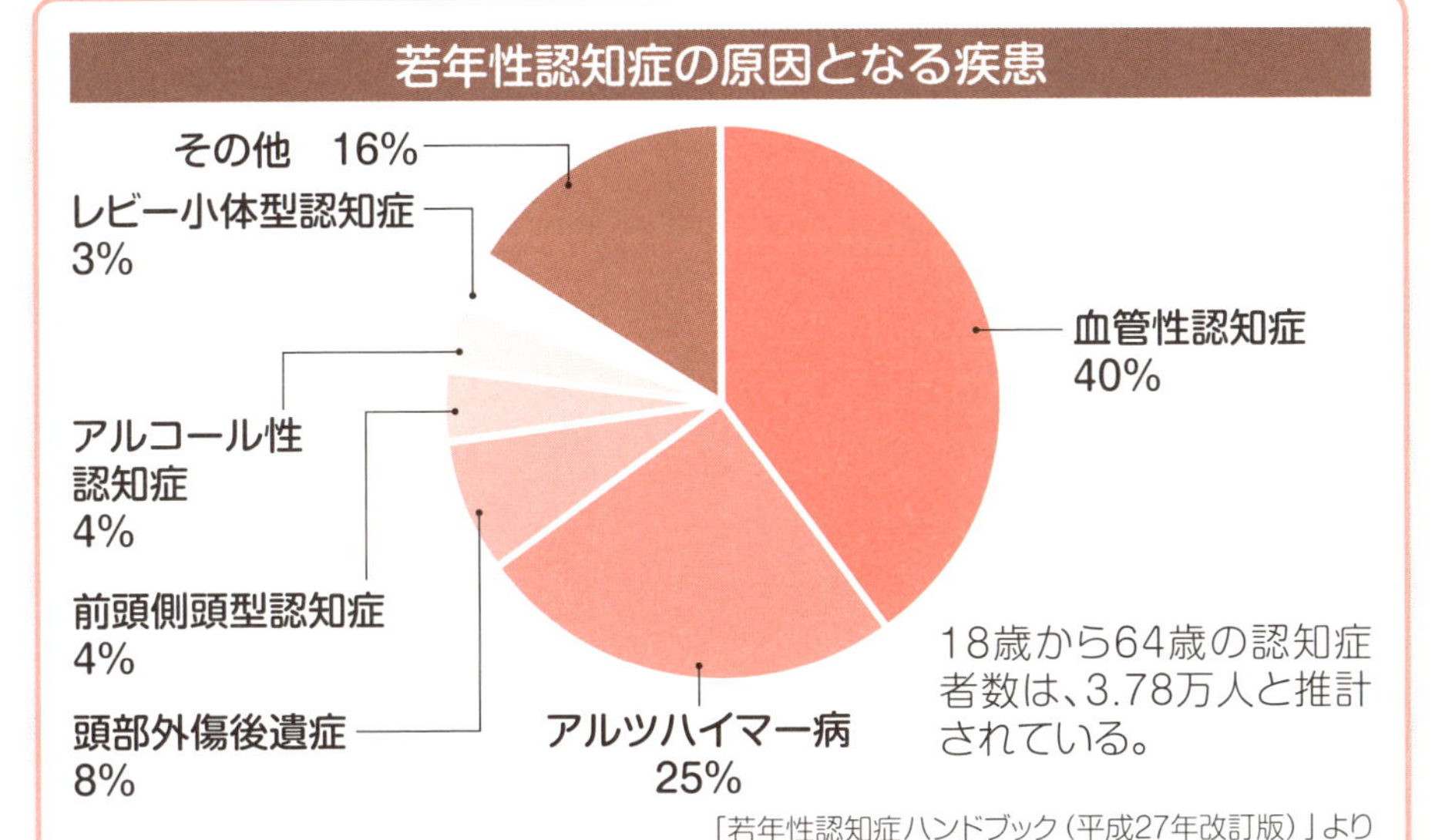

現役世代の発症は、家族へのダメージが大きい

発症平均年齢　男性51.1歳　女性51.6歳

男性は一家の大黒柱として、女性は家庭の支柱として、家族をひっぱる年代での発症。厚生労働省のアンケートでは、発症後約７割の家庭が、収入が減ったと回答しており、家族介護者の負担は大きい。

若年性認知症は介護保険のサービスが受けられる

重い家族負担を助けるため、若年性認知症に対する公的サービスが増えつつあり、介護保険も適用される。まずは、市区町村の担当窓口に相談してみよう。また、2009年10月には、厚生労働省によるコールセンターが開設され、専門教育を受けた相談員が認知症専門の医師の紹介や発症後仕事を続けていくための相談を行っている。

若年性認知症コールセンター
電話番号：0800-100-2707（無料）
受付時間：月～土曜日（年末年始・祝日を除く）午前１０時～午後3時
所在地：〒474-0037 愛知県大府市半月町3-294
認知症介護研究・研修大府センター内

認知症の知識

治療可能な認知症もある

大事な3つ

①原因となる病気が治療可能であれば、認知症は治る
②認知症の約1割は、このような病気が原因だといわれる
③早期発見・早期治療が大切

アルツハイマー病などによる認知症は根治治療ができませんが、認知症の原因となる病気には治療可能なものもあります。この場合は、病気を治療すれば、認知症の症状もなくなります。

治療可能な病気には、次ページのようなものがあり、認知症全体の約1割を占めるともいわれています。これらの病気であっても、進行が進むと治療が難しくなったり、また脳の機能低下が進んでしまい回復できなくなったりしますから、やはり早期発見・早期治療が大切です。

次ページに紹介した以外の原因、たとえば、鉛・水銀、そしてアルコールなどの中毒症状も、認知症の症状を引き起こすことがあります。鉛・水銀はともかく、アルコール中毒は、なかなか治療が難しいのですが、不可能ではありません。専門の医師とよく相談して、治療にあたりましょう。

認知症の疑いがあって受診した場合、医師は、検査をして原因となる病気をさぐり、治療法を決めます。このとき、原因が治療可能な病気であれば治療にかかります。恐れず、まず受診しましょう。

認知症の原因となる治療可能な病気

病気	原因	治療法
慢性硬膜下血腫	転んで頭を打ったときなどに、頭蓋骨の硬膜の内側に出血し、これがたまって血腫ができ、脳を圧迫する	頭蓋骨に穴を開け、血液のかたまりを取り除く
正常圧水頭症	脳の中を流れる髄液が、脳室にたまってしまうことで、精神活動の低下、歩行障害、尿失禁などの認知症の症状がでる	カテーテル（管）を差しこみ、脳室にたまっている過剰な髄液を抜きとる
甲状腺機能低下症	喉にある甲状腺の機能が低下しホルモンの分泌が減ると、精神的な落ち込みなどが起こる	ホルモン剤を服用する
脳腫瘍	腫瘍ができている場所によって、認知症の症状を起こすことがある	放射線治療で腫瘍を小さくできれば、進行をストップできる
ビタミン欠乏症	ビタミンB_1、B_{12}、あるいは葉酸などが欠乏すると、注意力･集中力の低下、記憶障害などが起こることがある	ビタミン剤を服用することで治る
薬剤の影響	ステロイド剤、心臓病のジキタリス剤、胃潰瘍薬、抗がん剤などが、認知症の症状を引き起こすことがある	服用を中止することで回復する

認知症の知識

認知症に間違われやすい病気

大事な3つ

①認知症ではないが、認知症と同じ症状がでる病気がある
②認知症なのかそうでないかの区別は、素人には難しい
③認知症が心配になったらかかりつけ医に相談する

認知症は、脳細胞がこわれることで起こるさまざまな症状の総称ですが、まったく別の原因で同じような症状が起こることがあります。

たとえば、老人性うつ病は、元気がなくなり記憶力などが低下するので、初期の認知症と間違えられやすい病気のひとつです。本人が、自分の状態を理解し、治りたいと思っているところが認知症と違います。抗うつ剤の処方など適切な治療で回復します。

また、老化と初期の認知症の区別も難しいところです。人間はだれでも、年をとれば、記憶力や心身の機能が衰えます。自然な老化なのか、病気なのかは、本人も家族も迷うところです。迷ったら、いきなり大きな病院に行くのではなく、まずかかりつけ医に相談してみるとよいでしょう。簡単な問診であれば小さな医院でもできますし、その結果、仮に認知症の疑いがあれば、脳検査の設備が整った専門医を紹介してもらいましょう。

栄養失調や脱水症状でも、認知症に似た症状が起こりますが、かかりつけ医は適切な判断をしてくれます。

認知症に間違われやすい状態

状態  治療

老人性うつ病

状態
- **記憶力・判断力の低下**
- **ぼんやりしている**
- **動作がにぶい**

★本人が治りたいと思い、症状を改善したいとの気持ちがあるところが、認知症と違う

治療
医師から抗うつ剤などを処方してもらう

難聴などの老化

状態
- **相手の言うことが正常に聴こえず、トンチンカンな受け答えをする**

治療
補聴器で改善

状態
- **動作が鈍くなる**
- **生活が不活発になる**

治療
加齢が原因と受けとめ、体力や心身の機能に合わせて生活が楽しめるように工夫する

低栄養や脱水

状態
せん妄
（意識混濁に加えて、幻視や錯覚が見られる）

治療
ビタミン・ミネラルなど栄養不足が原因

状態
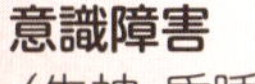
意識障害
（失神・昏睡など）

治療
脱水状態が原因

受診し、以後は健康管理に気をつける

薬の影響

状態
幻覚・せん妄

治療
以下のような薬の影響でおこることがある。処方時に医師から説明がある

神経系作用薬	抗パーキンソン薬、抗コリン薬、抗不安薬（安定剤・睡眠薬など）、抗うつ薬など
循環器用薬	ジギタリス、β遮断薬、利尿剤など
消化器用薬	H2遮断薬など
その他	抗がん剤、ステロイド剤など

認知症の知識

認知症の検査と治療法

大事な3つ

①受診には、家族がつきそい、医師の問診を受ける
②疑いがあれば、血液や脳の検査を行う
③家族は、認知症のタイプを理解し、介護の方針をたてる

医師に診てもらうと、まず家族への問診があるので、受診には家族が付き添うようにします。聞かれる内容は、本人の①**生活歴**②**家族構成**③**既往症**④**生活習慣**⑤**日常生活**⑥**現在の状態**などで、あらかじめ準備しておきます。

次に、本人への問診があります。記憶力や知的能力をみる簡単な心理検査が行なわれます。

ここで認知症が疑われると、原因となる病気を捜すために血液や脳の検査を行います。そのためには、検査の設備がある病院を受診する必要があります。

しかし、かかりつけ医があるならば、本人があまり緊張しないで診察が受けられる、なじみの医師に診てもらうほうがよいでしょう。認知症の疑いがあれば、専門医に紹介状を書いてくれますし、本人の状態なども専門的に伝えてもらえるので適切な治療が受けやすいのです。

かかりつけ医がない場合は、インターネットなどで病院を探します。最近は「**もの忘れ外来**」がある医院・病院が増えています。また、「もの忘れ外来」がなくても、脳神経内科で対応してくれます。

受診と治療

認知症かな？と思ったら

かかりつけ医・専門医を受診

認定調査

家族への問診
本人への問診（心理検査）

認知症の疑いがある場合

各種検査を行い、原因となっている病気を調べる

血液検査（糖尿病、肝硬変、腎不全など）
心電図検査、単純X線撮影、超音波検査（動脈硬化、心機能）
頭部CT、頭部MRI（脳の萎縮、変形）
SPECT、PET検査（脳機能） など

認知症の治療法

●アルツハイマー型

塩酸ドネペジル（商品名：アリセプト）などを服用すれば、衰えた海馬（かいば）の細胞を活性化し、最大約10カ月進行を遅らせることができる。また、2023年8月に早期アルツハイマー病の治療薬として、「レカネマブ」が承認された。このほか、周辺症状には、抗精神薬や漢方「抑肝散」が処方される

●脳血管障害型

リハビリを行いながら、再発作を防止する。ストレスを避け、原因となった生活習慣病の治療や、生活改善を行う

●家族が介護の長期計画を立てる

初期･中期･後期と変化する認知症の症状を理解し、介護の見通しをたてる。公的支援を受け、無理のない介護をめざす

認知症の知識

認知症で現れる症状には2つのタイプがある

大事な3つ

①中核症状はだれにでも現れる症状で5つの種類がある
②周辺症状の出方は疾患・性格・生い立ちや現在の環境で個人差がある
③高齢者の場合、一般にゆっくりと進行する

認知症の症状は、だれにでも共通の「**中核症状**」と、個人差がある「**周辺症状**」に分けられます。

記憶が失われていく、時や場所がわからなくなる、理解や判断力がなくなる、日常生活がうまくできなくなる、などの「中核症状」が、徐々に進み、最後は寝たきりになります。

さらに人によっては、うつ状態や幻覚、さらに徘徊や失禁などの「周辺症状」が現れます。「周辺症状」は、原因となる病気や、個人の性格、生い立ち、現在の環境などによって、現れたり現れなかったりします。徘徊や失禁といった問題行動は、介護者に大きな負担をあたえますが、後期になれば運動能力が衰え見られなくなります。

進行は、高齢者の場合は一般にゆっくりで、10年以上経って寝たきりになることもあります。いっぽうで65歳未満の若年性認知症は進行が早く、5年ほどで後期症状に達することもあります。

病気の進行をよく理解し、介護の見通しを立てます。長期におよびますからケアマネジャーからアドバイスをもらい、無理のない介護計画を立てましょう。

「中核症状」と「周辺症状」

周辺症状

性格、素質、環境、心理状態などによって出方が異なる症状

- 店のものを盗んでくる(P125)
- なんでも拾ってくる(P126)
- 食べたことを忘れてしまう(P110)
- 目を離すといなくなる(P124)
- 何でも口に入れてしまう(P111)
- 大便をなすりつける(P123)
- 夜、眠れない(P112)
- 排泄の失敗をくり返す(P122)
- 夜中に起きて騒ぐ(P113)
- 暴力行為に及ぶ(P121)
- 着替えを嫌がる(P114)
- 突然、大声で叫ぶ(P120)
- 入浴を嫌がる(P115)
- 介護を拒否する(P119)
- お金や通帳が盗まれたと訴える(P117)
- 嫉妬を訴える(P116)

中核症状

認知症で必ず見られる症状

- ①記憶障害(P57)
- ②見当識障害(P57)
- ③理解、判断力の障害(P59)
- ④実行機能障害(P59)
- ⑤その場の空気が読めない(P59)

認知症の知識

「中核症状」の特徴と認知症への理解

大事な3つ

①多くの認知症は、記憶障害や見当識障害から始まる
②日常生活では「制止」でなく「できるよう」にサポートする
③認知症を「受容」することから、介護者のケアがはじまる

中核症状とはどういうものか?

多くの認知症は、記憶障害から始まります。「夕べのご飯なんだっけ?」のように、まず最近のことが思い出せなくなります。ゆっくり考えれば思い出す場合は、老化ですから、心配ありません。

記憶のしくみは複雑で、最近のことは思い出せなくても、昔のことは覚えています。しかし進行するにつれ、だんだんと昔の記憶も失われていきます。その中で、自転車の運転や包丁で野菜を切るといった体が覚えていることは、後期になってもできる場合が多いのです。

時間や、場所など、自分が居る場所を把握する見当識も徐々に失われていきます。最初は、「3時になったらでかけよう」といった時間がわからなくなり、進行がすすむと、季節や自分の年齢などもわからなくなります。

見当識障害については、「迷ったが、なじみの郵便局や公園を見つけて帰ってきた」といった言動から周囲は気づくことになります。ところが、目印が

中核症状の例①

中核症状① 記憶障害

年をとるとだれでも記憶は衰えますが…

人間の記憶には、脳の海馬(かいば)が大きく関わっています。新しい記憶は、まずここに入り、時間が経つと記憶倉庫に移ります。認知症では、まず海馬の細胞がこわれはじめるため、直近のことが覚えられなくなります。やがて進行とともに、記憶倉庫もこわれていきます。老化の場合は、海馬や記憶倉庫の機能が衰えはしますが、働きは保たれます。

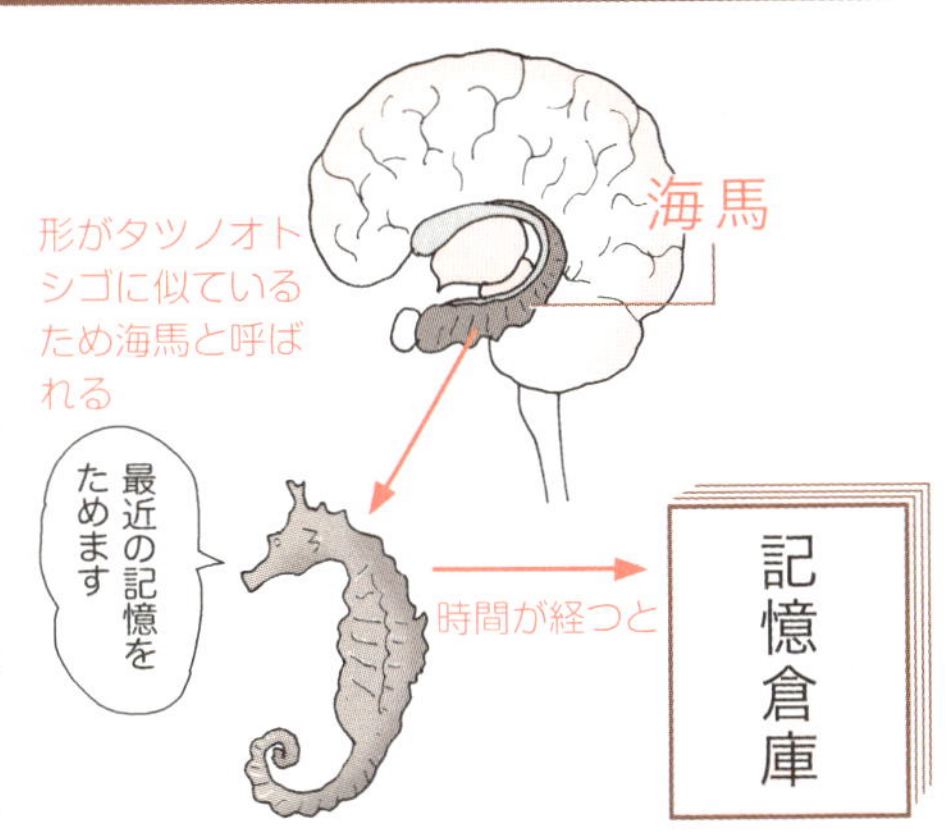

海馬は最近の記憶をためる場所。昔の記憶は別のところにたくわえられる

中核症状② 見当識障害

見当識とは、現在の年月や時刻、居る場所など、自分の基本的な状況を把握することです。

時間がわからなくなる

長時間待つ、時間に合わせて外出する、などができなくなる。さらに進行すると、日付、季節、年齢などもわからなくなる。

迷子になる

方向感覚がわからなくなり、目印のない夜、道に迷うようになる。やがて、昼間でも迷うようになり、家の中でトイレの場所がわからなくなる。

人間関係がわからなくなる

過去の記憶が失われると、自分の年齢や家族の顔や生死がわからなくなり、娘を「お母さん」と呼んだりする。

わかりにくい夜間には迷うようになり、やがて昼でも迷うようになります。

大切な中核症状への理解

脳のさまざまな部分がこわれてくると、日常生活に支障がでてきます。しかし、初期のうちは、できることもたくさんありますから、家族がサポートして、日常生活を営めるようにしましょう。「もうお父さんはやらなくていいから」、「お母さん、どうせできないんだから」のようなことばは、本人のプライドを傷つけます。「火を使ってはダメでしょ！」と強く叱れば、不安な気持ちが高まります。本人の中に、このような負の感情がためこまれ、周辺症状となって現れることもあります。

介護者が経験する「受容」までのステップ

家族にとって気持ちの切り換えは大変なことですが、ケアマネジャーなどと相談し、本人の気持ちや感情を理解し関わります。

家族に認知症が発症したとき、だれでも最初はとまどい、事実を否定します。そのあと認知症への理解が深まるとともに、本人への寛容の心が広がることが多いようです。一般的には介護者は次の４つのステップを経て、家族の認知症を受容できるようになります。

第1ステップ「とまどい・否定」
第2ステップ「混乱・怒り・拒絶」
第3ステップ「割り切り」
第4ステップ「受容」

「受容」は、認知症への理解が深まり、本人の心理がわかるようになり、本人のあるがままを受け入れられるようになることで、介護者も本人も落ち着いた状態になります。なるべく早く、「受容」にいたることが、介護者の大きな目標になります。

そのためには心の余裕が必要です。介護サービスを適切に利用して、心の余裕を保ちましょう。

中核症状とその例②

中核症状③ 理解・判断力の障害

考えるスピードが遅くなる

考えがまとまらず言いたいことばが見つからない、確かめながら話す

2つ以上のことをこなせない

一度に処理できる情報量が減り、同時にいくつものことをこなせなくなる

危険に鈍感

車が近づいてきても危険だと感じることができない

機械の操作ができない

目に見えないメカニズムがわからなくなる。自動販売機、自動改札、銀行ATM、全自動洗濯機、IHクッカーなど

計算ができない

おつりの計算などが難しくなる

突発的なできごとに弱い

いつもと違うことが起こると混乱する

中核症状④ 実行機能障害

段取りを組み、実行することができなくなります

「一番時間がかかる炊飯器のスイッチを入れてからおかずを作ろう」、「味噌汁の具は、冷蔵庫にある豆腐と、さっき買ってきたネギにしよう」といった段取りを組み立て、それを実行することができなくなる。しかし、ご飯を炊く、味噌汁を作るといった、ひとつひとつの動作はできるので、適切な声かけが大切

適切な声かけで、食事の支度ができる

中核症状⑤ その場の空気が読めない

周囲の状況が判断できないため、突拍子のないリアクションをする

世間話をしているのに…

自分のことだと思って怒り出す

認知症の知識

認知症特有の「周辺症状」への対応のしかた

大事な3つ

①周辺症状の出方には個人差がある
②介護者の対応によって症状は軽くなる
③「本人への理解」「病気への理解」の2つの理解が大切

周辺症状とはどのようなものか?

記憶障害や見当識障害、実行障害などの中核症状に付随して現れる「周辺症状」は個人によって異なり、認知症が進行するプロセスで、生い立ちや性格、生活環境、職業歴や嗜好などの個人の特性が影響します。

認知症の人がどのような生活環境や家族環境のなかで育ったかは、家族といえども、それほど細かく知っているわけではありません。

認知症の人の幼少期の生活やその暮らしぶり（貧しい、贅沢）やその後の体験（戦争、疎開、出稼ぎ）を把握していると、本人がどの世界に生きているかを知る手がかりになります。とくに男性は職業経験（農業・漁業、会社員、公務員など）、女性では子育て経験が行動に現れやすいといわれます。

また、性格も家族に見せている印象と社会での姿では距離があったりします。それに疾患等が影響すると、気むずかしさや怒りっぽさに家族がとまどう場面も多くなります。食べ物や食べ方も家族が知っ

周辺症状とは?

ポイント① 症状には個人差がある

性格や生い立ち、今の環境などの影響を受け、人によって出方に差がある症状

中核症状
（共通）

個人特性

①生い立ちや、社会人になってからの経歴
②性格、素質
③孤独であるかないか
④不安であるかないか
⑤生き方やポリシー
⑥現在の生活環境
など

＝ **周辺症状**

ポイント② 介護者の対応によって軽減できる

本人の性格や、病気について理解していれば、解決できる症状もある

見当識障害によって、夜、トイレの場所がわからなくなり失禁してしまう

ドアを開け、電気をつけておく

ている習慣とは異なる場合もあります。

周辺症状への対処のしかた

周辺症状は認知症の初期から現れ、中等度になってより極端になり、家族はつらい思いをすることが多くなります。医師に相談するとともに、訪問介護や通所介護等でのプロの対応の仕方を見学したり聞きとりをし、家族間で「どのようにしたら落ち着くか」を工夫しましょう。

具体的な周辺症状には、2種類あり、その1つが、認知症となると「自分がとっている行動や記憶への不安」からさまざまな不安症状を示します。

日常生活の失敗から自信をなくし、うつ状態のような落ち込み方や自分へのいらだちから怒りっぽくなります。また幻覚(例：存在しないものが見える)、妄想（例：○○が帰ってきて話をした）、情緒障害（例：感情の起伏がない、周囲に関心を示さない）、睡眠障害（眠れない、寝つきが悪い）などの症状を示します。

「○○が財布を盗った」というもの盗られ妄想などの攻撃の対象となるのは、いちばん身近で世話をしてくれる人（家族・隣人）が多く、対象は金銭・預金通帳・印鑑などがあります。また「これから会社に出かける」という出社妄想や「家に帰ります」という帰宅願望があります。これらを「なに言ってるの！」と否定せずに話を合わせることがコツです。

第2が問題行動といわれる認知症特有の周辺症状です。見当識障害から徘徊して帰宅できない、身近な人に暴力をふるったり暴言をはく、尿意・便意がわからずに失禁する、異常な食行動（例：石鹸を食べる）、不穏な行動（例：騒ぐ、奇声）、それに卑猥な発言や行動などがあります。これらの周辺症状はＢＰＳＤ（認知症の行動・心理症状）ともいわれます。具体的な対処のしかたは、「第4章『もう限界!!』困った行動への対処法」（107ページ〜）をご覧ください。

周辺症状の例

不安症状

●**不安・焦燥**
　初期には、自分の状況に違和感をおぼえ、不安や焦燥を感じる

●**自発性の低下**
　ものごとに興味を示さなくなる

●**うつ状態**
　落ち込んだり、怒りっぽくなる

●**幻覚・妄想**
　実際にない物を見たり聞いたりする。「財産が狙われてる」など、事実でないことをそうだと思い込む

●**せん妄**
　意識がもうろうとし、幻覚を見る

●**情緒障害**
　喜怒哀楽の感情がにぶくなる

●**睡眠障害**
　寝つきが悪い、長時間眠れない

BPSD

●**徘徊**
　あてもなく歩き回る

●**暴力**
　身近な人に暴力をふるう

●**失禁**
　排泄に失敗する

●**異食**
　食品以外のものを口にする

●**不穏**
　急に興奮してさわぎたてる

COLUMN

「日常生活自立支援事業」を利用する

認知症の人は、症状が進むと計算などが困難になり、大きな損害を被る可能性もあります。

こうした認知症の高齢者の財産を守り、スムーズな日常生活が営めるように支援する公的なサービスが「日常生活自立支援事業」です。福祉サービスの申し込みの手続きや日常生活の金銭の管理を代行してくれます。

本人と地域の社会福祉協議会との契約によってサービスが行われますが、契約を結ぶ能力のあるあいだに申し込んでおきます。少額の生活資金の管理や簡単な契約行為のサポートなどを望む高齢者に向いています。

サービスのいろいろ（例）

①福祉サービスの利用援助 1回1,200円

・福祉サービスを利用したり、利用をやめるために必要な手続き
・福祉サービスの利用料を支払う手続き
・福祉サービスについての苦情解決制度を利用する手続き
・年金および福祉手当の受領に必要な手続きなど

②日常的金銭管理サービス 1回1,200円

・医療費、税金、社会保険料、公共料金などを支払う手続き
・上記の支払いにともなう預貯金の預け入れなど

③書類等の預かりサービス 貸金庫代1カ月1,000円程度

【預ってもらえるもの】
年金証書・預貯金の通帳・権利書・契約書類・保険証書・実印、銀行印
・そのほか社会福祉協議会等が適当と認めた書類など

※利用料は平均で、市区町村によって違います。貸金庫代は東京都社会福祉協議会の資料を参考にした金額です。

第3章

認知症の介護で大事なこと

介護保険

認知症と診断されたら介護保険を申請する

大事な3つ

①認知症と診断されたら、市区町村の窓口などに申請に行く
②要介護度が低くても、症状が進行したときの準備ができる
③介護保険を積極的に利用して、費用・労力の負担を軽減する

認知症と診断されたら、市区町村の介護保険相談窓口に申請をしましょう。これまで介護保険を利用しているならケアマネジャーに相談し、認定調査の再審査を請求することもできます。介護保険には、介護サービスが利用できる**要介護**（5区分）、介護予防サービスが利用できる**要支援**（2区分）、そして**非該当**の3種類の認定があり、区分ごとに給付限度基準額が決められています。各種のサービスの利用料は3年ごとに改定されますが、その費用の1割（所得によって2～3割）の自己負担で利用できます。

介護保険の認定の流れは、まず市区町村の認定調査員が自宅及び入院・入所先へ訪問し、調査を行います。その際の特記事項に認知症になってからの日常生活や介護で困っていることをメモし、正確に伝えます。その後、コンピュータで一次判定がされ、主治医の意見書を含めて二次判定が認定審査会で行われ要介護度区分が決まり、市区町村から通知されます。その後、ケアプラン・介護予防プランの作成が行われ、サービス担当者会議が行われ、介護保険サービスの利用が始まります。

要介護認定の申請からサービス開始までの流れ

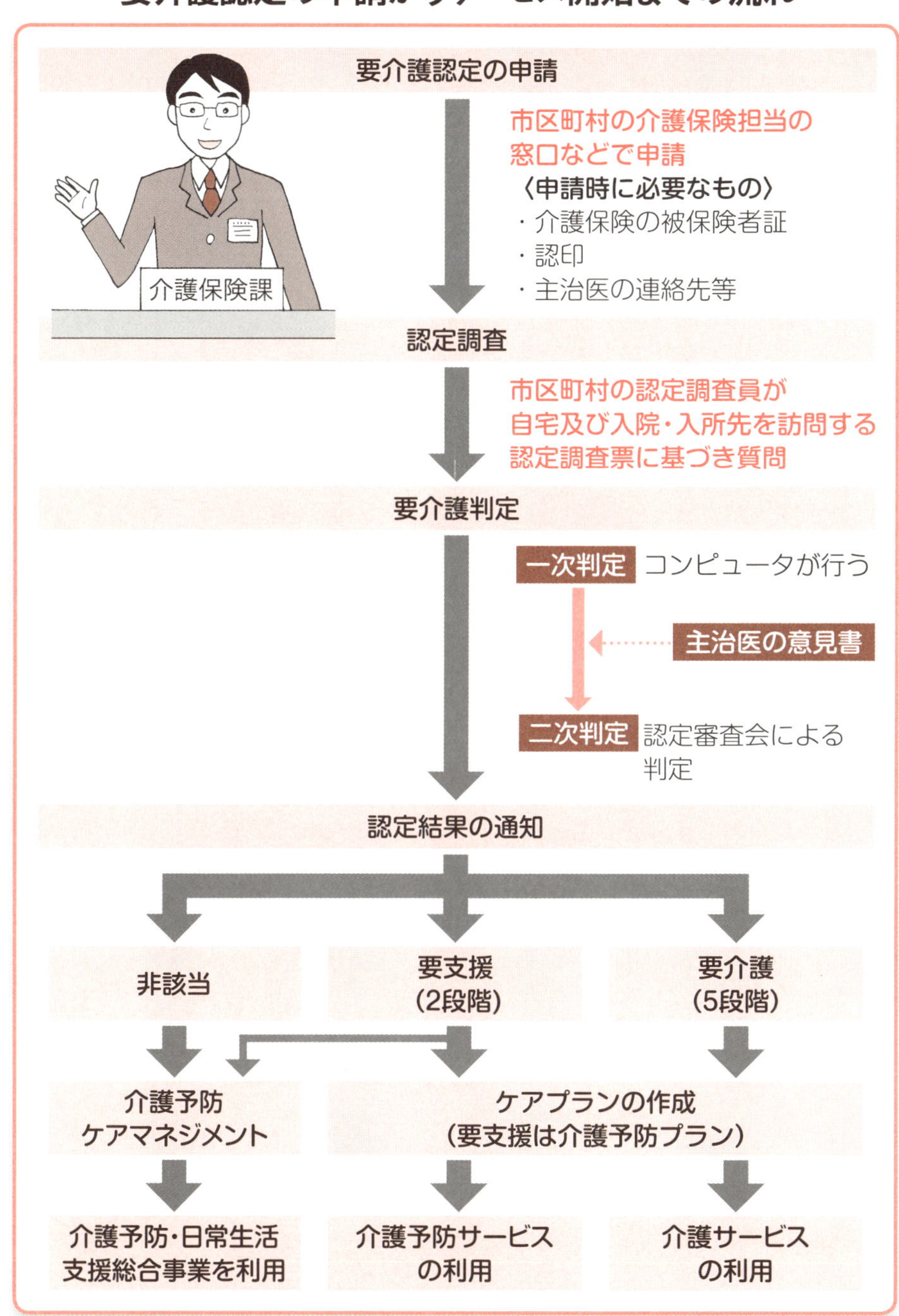

介護保険

介護保険のしくみはどうなっている？

大事な3つ

①市区町村の認定により要介護度が決まる
②要介護度によって、利用できる金額の上限が決まる
③認知症の場合、40歳以上から介護サービスを利用できる

介護保険は、40歳以上の人の保険料と、国および市区町村の税金を財源とし、市区町村が実際の運営にあたります。介護保険を申請すると、市区町村が認定調査を行い、要介護度を決定します。この要介護度によって、利用できる範囲（支給限度額）が決まり、介護サービスを利用します。利用者は受けたサービス利用料の1割（利用者・利用者夫婦の所得により2～3割）を、介護サービスを提供する事業者に支払います。ただし、1カ月の利用額が限度額を超えた部分は、全額自己負担となります。

介護サービスを利用できるのは、65歳以上の介護や支援を必要とする人と、40～64歳の特定疾病のために介護を要する状態の人で、認知症の場合は40歳以上から利用できます。

むやみに介護サービスを利用しようとするのではなく、どのような生活を取り戻したいか、どのような生活を送りたいかを具体的にケアマネジャーと話し合い、本人の体調や趣味・嗜好、家族を含むライフスタイルも考慮して、必要に応じて見直しを図りましょう。

介護保険制度のしくみ

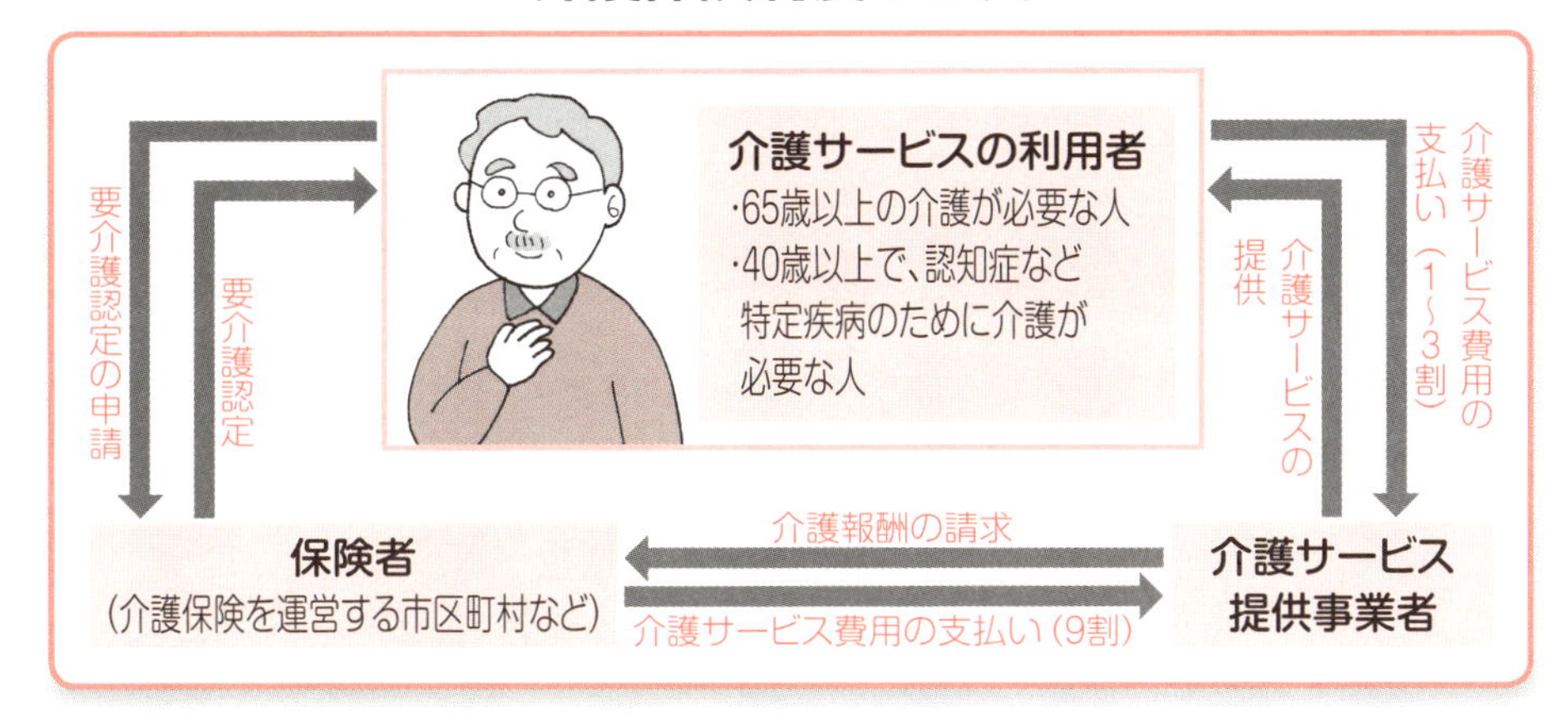

16の特定疾病

がん末期	脊柱管狭窄症
関節リウマチ	早老症
筋萎縮性側索硬化症	多系統萎縮症
後縦靭帯骨化症	糖尿病性神経障害・糖尿病性腎症及び糖尿病性網膜症
骨折を伴う骨粗鬆症	脳血管疾患
初老期における認知症	閉塞性動脈硬化症
パーキンソン病関連疾患	慢性閉塞性肺疾患
脊髄小脳変性症	両側の膝関節または股関節に著しい変形を伴う変形性関節症

要支援と要介護のめやす

要支援1	日常の基本動作（食事・排泄など）は自分でできるが、身の回りの世話に介助が必要である
要支援2	日常の基本動作は自分でできるが、立ち上がるときなどに支えが必要である
要介護1	日常生活の一部に手助けが必要で、歩行などがやや困難である
要介護2	記憶力・思考力が明らかに衰え、日常動作にも支援が必要である
要介護3	立ち上がるときなど全般に手助けが必要で、徘徊などの問題行動がみられる
要介護4	日常生活にもほぼ全面的な介護が必要である
要介護5	ほとんど寝たきりで、人の話が理解できない場合がある

介護保険

ケアマネジャーなどとの接し方

大事な3つ

①ケアマネジャーへの意向の伝え方が、ケアプランを左右する
②利用者や家族もケアプランの作成に参加する
③ケアマネジャーとの信頼関係がサービスの質を高める

ケアマネジャーは居宅介護支援事業所に所属し、利用者や家族の望む生活を実現するためにケアプランを作成し、サービス利用の調整や月1回以上の訪問（モニタリング）が主な仕事です。介護サービスを提供する事業者の情報提供、サービスを利用するときのアドバイス、サービスに問題があるときの相談などを行います。介護サービスが快適に利用できるかどうかが決まるので人選にも注意をします。

経験豊富だからといって任せきりにしてはいけません。利用者や家族がいっしょに考えることが、良いケアプラン作成の鍵となります。プライバシーだからと、困ったことや都合の悪いことを隠したりせず、共に解決してもらうくらいのつもりで信頼関係を築きましょう。

認知症による中核症状と周辺症状を正確に伝えることが大切です。時間がないなかではとても緊張するもの。あらかじめ家族の側で、これまでの生活習慣やなじみの場所、なじみの人間関係などとともに具体的な症状と困り事・悩み事をメモしたものを準備しておきましょう。

こんなケアマネジャーなら安心

専門知識が豊富で、地域の情報にも詳しい

何でも事務的に処理せず、利用者や家族の心情を汲んでくれる

複数の選択肢を示し、状況が変わった時にすぐに対応してくれる

利用者や家族の話をしっかりと聞き、要望をきちんと理解してくれる

話の途中で携帯電話に頻繁に出るなど、忙しそうな様子がない

ケアプランを作成するときに伝えること

□利用者の症状の進行状況

□利用者のこれまでのライフスタイル（趣味・嗜好・生活習慣）

□これから、どのような生活を送りたいか

□利用者が得意とすること、苦手とすること

□大勢でいるのが好きか、少人数のほうが好きか

□介護にあたり、家族が最も困っていること

介護保険

認知症の人が要介護認定を受けるときの注意点

大事な3つ

①認定調査のための訪問時は、いつもと同じ状態を見てもらう
②より正確な実態を伝えるために、介護日記をつけるとよい
③認定に不満があるときは、再審査を請求する

介護保険を申請すると、市区町村の認定調査員が自宅や病院・施設を訪問し、現在受けているサービスや本人の希望、家族の状況といった概況調査と「身体機能・生活機能・認知機能・精神と行動の障害・社会生活への対応・日常生活の自立度」などの基本調査を行います。

質問には「ある・ない」「できる・できない」で回答しますが、どこまでを「できる」と判断するか、どこから「できない」ことになるのか、わからないときはあいまいな答えでなく、具体的な様子やエピソードを話すようにします。

また、認知症の場合、身近な人には症状が出るが、他人には出ないなど、症状の現われ方が一定でないため、訪問の日の体調によっては、要介護の程度が低いと見なされることもあります。こうした実際と異なる判断をされるのを防ぐためにも、日々の介護の様子を記録し、調査員に見てもらいましょう。

認定された要介護度状態区分に納得できないときは、市区町村に、それでも解決しない場合は、都道府県の介護保険審査会に再審査の請求ができます。

介護日記にメモするポイント

□起床時間・就寝時間とその状況

□食事のメニュー・量と食べ方

□排尿・排便の回数と量

□日常生活でできなくなったこと

□記憶力・思考力の衰え

□問題行動と思うこと

□理解できない行動　など

訪問調査項目の一例

□麻痺の部分、関節の動く範囲

□日常動作の状態
寝返り、起き上がり、歩行、立ち上がり　など

□症状の程度
褥瘡の有無、嚥下機能、尿意・便意の意識　など

□介助の様子
排尿後の後始末、食事の摂取、衣服の着脱　など

□身体能力
視力、聴力、意思の伝達　など

□精神・行動障害などの有無
物を盗られたなどと被害的になる、作話をし周囲に言いふらす
実際にない物が見えたり聞こえたりする　など

□過去14日間に受けた医療

□日常生活の自立度　など

介護保険

認知症の人が利用したい介護サービス

大事な3つ

①訪問介護で、日常生活をサポートしてもらう
②デイサービスとデイケアは、症状を遅らせるのに効果がある
③いざという時のために、ショートステイの施設を下見しておく

介護保険を申請すると、介護サービスが利用できる「**要介護**」、介護予防サービスが利用できる「**要支援**」、それらのサービスが利用できない「**非該当**」に認定されます。これらのサービスを大別すると「居宅サービス」「施設サービス」になりますが、要支援の人は施設サービスを利用することはできません。

東京都の調べによると、認知症高齢者の半数以上が在宅（居宅）での介護を行っています（75ページグラフ）が、こうした要介護者や家族にとって便利なのが、訪問介護、通所介護、通所リハビリテーション、短期入所といったサービスです。

訪問介護（ホームヘルプ）

訪問介護は、介護福祉士やホームヘルパーなどの介護専門職の人が自宅に来て、日常生活の世話をするサービスです。

サービスには、食事・入浴・トイレでの介助などの「**身体介護**」と、調理・掃除・洗濯などをできるだけ要介護者といっしょに行う「**生活援助**」などがあります。

認知症高齢者の半数以上が在宅介護

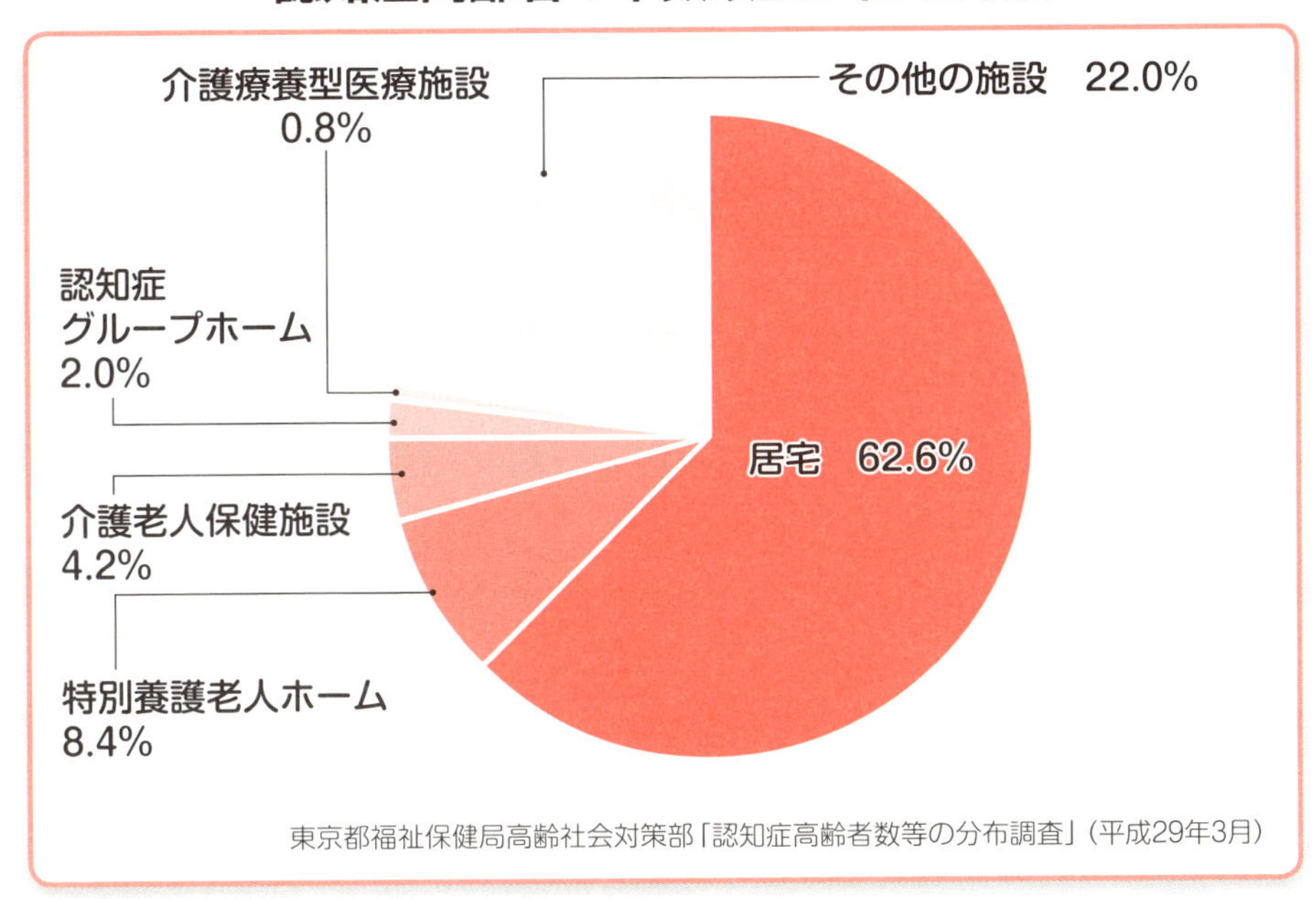

主な居宅介護サービス

訪問系サービス	・訪問介護（ホームヘルプ） ・訪問入浴介護 ・訪問看護 ・訪問リハビリテーション ・居宅療養管理指導
通所系サービス	・通所介護、認知症対応型通所介護（デイサービス） ・通所リハビリテーション（デイケア）
短期入所系サービス	・短期入所生活介護（ショートステイ） ・短期入所療養介護（ショートステイ）
居住系サービス	特定施設入居者生活介護
住環境の改善	福祉用具など貸与・購入 住宅改修費の補助
地域密着型サービス	その地域に住む住民を対象にしたサービス （夜間対応型訪問介護、認知症対応型通所介護など）

通所介護・認知症対応型通所介護（デイサービス）と通所リハビリテーション（デイケア）

在宅の要介護者や家族が積極的に利用しているのが、事業所や施設に通ってサービスを受けるデイサービスや、デイサービスにリハビリテーションを加えたデイケアです。

デイサービスでは、食事・入浴などの世話のほか、趣味やレクリエーション、簡単な機能訓練などのサービスを受けることができます。

また、デイケアは、理学療法士や作業療法士などの指導に従って、リハビリテーションを行います。

いずれにしても、外出して人に会い、いっしょに楽しい時間を過ごすことは、症状の進行を穏やかにする効果があります。

また、介護者にとっても、仕事を休まなくてよい、用事をまとめて片づけられる、気分転換の貴重な時間を確保できることになります。

短期入所生活介護・短期入所療養介護（ショートステイ）

ショートステイは、介護者が病気になったり、数日間家をあけなければならないときに、特別養護老人ホームなどに短期間入所して日常生活の世話や機能訓練を受けたり、介護老人保健施設などでリハビリが受けられるサービスです。

利用しなければならないときは突然訪れます。いざというときに備えて、ケアマネジャーに相談し施設の下見をしておきましょう。

一時的とはいえ、家を離れるのは、要介護者にとって不安なものです。いつも使っているパジャマや枕、お気に入りの小物などを持っていき、少しでも家の環境に近づけましょう。また、宿泊費や食費は自己負担になるので、あらかじめ金額を確認しておきましょう。

これは、ホームヘルパーに頼めません!!

病院まで車を運転して連れて行く

通院先で、医師に症状の説明をしたり医師の説明を聞いてくる

指圧・マッサージ

胃ろうのチューブやカテーテルの洗浄
（一定の研修を受けた者以外）

たんの吸引
（一定の研修を受けた者以外）

家族の食事や洗濯、不必要なおやつを作る

玄関や廊下の掃除

草木の手入れやペットの世話

日常生活の金銭管理

事業所・施設選びのポイント

建物・設備	・トイレの数が十分あり、使いやすい広さか ・車椅子を使用してもゆとりのある広さか ・きれいに掃除されていて、整理整頓できているか ・浴室は、安全への配慮がされているか
食事	・施設内で手作りされているか ・栄養のバランスがとれていて、メニューのバリエーションがあるか ・利用者の体調に合わせて、食べやすく工夫されているか ・温かい食事が提供されているか
スタッフ	・スタッフの人数は十分か ・食事や入浴の介助はきちんと行なわれているか ・排泄や移動の介助、おむつの交換など、適切に対応してくれるか ・利用者のペースに合わせて介助しているか ・笑顔で対応しているか ・利用者を子ども扱いしたり、見下したりしていないか

介護保険

地域密着型介護サービスを使って地域で暮らす

大事な3つ

①地域密着型介護サービスは認知症の要介護者向けのサービス
②小規模多機能型居宅介護なら複合的なサービスが受けられる
③認知症の要介護者だけが利用できるサービスがある

地域の介護サービスを受けながら、住み慣れた地域で暮らしていけることを目的に創設されたサービスです。一般の介護保険サービスと大きく異なる点は、事業所の指定、指導監督が都道府県ではなく、市区町村が管轄するという点です。そのため、市区町村がそれぞれの地域ごとに必要な介護サービス量を決めることができます。高齢者が多い地域、人口が極端に少ない地域、多い地域など、その地域の事情を考慮したうえで、必要な介護サービスを提供できる点がメリットです。市区町村が管轄するため、サービスが利用できるのは、サービス事業者が所在する市区町村の住民に限られます。

認知症の要介護者は、環境の変化や周囲の人の入れかわりによって混乱し、症状が重くなることがあります。地元の小人数の施設であれば、きめの細かいサービスが期待でき、デリケートな認知症への対応もスムーズにしてもらえます。地域密着型介護サービスのなかでも、**「認知症対応型通所介護」「認知症対応型共同生活介護（グループホーム）」**は認知症の要介護者だけが利用できるサービスです。

地域密着型介護サービス

①定期巡回・随時対応型訪問介護看護

日中・夜間を通して、1日複数回の定期巡回と、随時の訪問介護・看護が受けられるサービスで中重度の要介護者の在宅介護に役立ちます。

②小規模多機能型居宅介護

「通い」を中心に、本人の希望や家族の事情に合わせて、随時「訪問」や「泊まり」を組み合わせて複合的に介護が受けられるサービスです。

「通い」は通所介護、「訪問」は訪問介護、「泊まり」は短期入居生活介護とほぼ同じ内容です。

③夜間対応型訪問介護

あらかじめ契約していれば、ホームヘルパーが定期的に巡回し、おむつ交換や体位変換などが受けられます。また、緊急に介護が必要になったときに通報すれば随時訪問し対応してもらえます。

④看護小規模多機能型居宅介護

小規模多機能型居宅介護に訪問看護を組み合わせたサービスです。認知症でも医療ニーズの高い利用者に向いています。

⑤認知症対応型共同生活介護（グループホーム）

認知症高齢者5～9人を1つのグループ（3ユニットまで）として、家庭的な雰囲気のなかで共同生活をしながら介護を受けられます。（150ページ参照）

⑥認知症対応型通所介護

通常の通所介護のサービスに加えて認知症対応のきめの細かいサービスが期待できます。

⑦地域密着型特定施設入居者生活介護

定員29名以下の小規模有料老人ホームに入居して受けるサービスです。（有料老人ホームについては152ページ参照）

⑧地域密着型介護老人福祉施設入所者生活介護

事業者と同一の地域に住む要介護者のみが利用でき、入所者が定員29名以下の小規模な特別養護老人ホームです。（特別養護老人ホームについては149ページ参照）

※小規模の通所介護は平成28年4月より地域密着型になっています。

認知症の人の気持ち

認知症の人はいつも不安を感じている

大事な3つ

①認知症であるという自覚は、病気の進行とともに失われる
②認知症の人は「何かおかしい」という不安を感じている
③認知症の人の不安をやわらげるような接し方を心がける

認知症の人がものごとをどのように感じているか、ひとことで表すことはできません。症状の進み具合や本人の性格、家族の接し方などによって、同じ出来事に対する感じ方や反応はさまざまです。家族がきちんと知っておきたいのは、認知症になったからといって、突然、ものごとがまったく理解できなくなるわけではない、ということです。

初期であれば、認知症だと理解することもできます。でも、症状が進むとともにその自覚はなくなり、日常生活で混乱することが増えていきます。気になることがあるのに思い出せなかったり、目の前にいる人がだれかわからなかったり…。同じことを何度も尋ねたり、くり返し確認したりするのは、「何かおかしい」と不安を感じているためです。認知症の人の問いかけに対して「さっき言ったでしょ」「何度、同じことを聞くの?」などと答えるのは逆効果。本人はくり返し聞いているつもりはないのですから、不安がいっそうかきたてられてしまいます。認知症の人と接するときは、本人の不安をやわらげることを第一に考えるようにしましょう。

不安をやわらげる対応の例

娘を妻とまちがえる場合

「違うわよ、明子です」

不安になる
・なぜ、妻がうそをつくのか?
・明子というのは、だれだろう?

「何度も同じことを聞かないで!」

不安になる
・今、初めて聞いたのに、なぜ?
・そう言われれば、さっきも聞いたかもしれない。でも、はっきり思い出せない

「そうですよ」

安心する
・やっぱり妻だった
・妻が近くにいてくれる

認知症の人の気持ち

認知症の人の「世界」を理解する

大事な3つ

①家族を困らせる言動は、病気の症状だということを理解する
②否定する、叱ることは、症状の改善につながらない
③家族が調子を合わせることで、認知症の人の気持ちが安定する

認知症の介護の大変さのひとつに、認知症の人とのコミュニケーションの問題があります。認知症が進むと、時間や場所、人物、現在の状況などを正しく理解することができなくなるため、お互いに意思を伝え合うことが難しくなってしまうのです。自宅にいるのに家に帰りたがる、といった「理屈に合わない」言動や行動も増え、家族は接し方に悩むことも多くなります。

認知症の人への対応の基本は、本人の言い分を否定したり、叱ったりしないこと。本人はなぜ叱られたかはわからないため、行動の改善にはつながりません。それどころか、叱られたことによる不快感などから気持ちが不安定になり、症状が悪化する可能性もあります。いちばんのおすすめは、家族の側が調子を合わせること。認知症の人は、病気のためにに「今」とは違う世界に生きていることが多いからです。認識を正そうとしても難しいので、認知症の人にいやな思いをさせないのがいちばんです。介護者をはじめとする家族は、認知症の人の世界を理解し、おおらかに接することを心がけましょう。

認知症の人を安心させる対応と不安にさせる対応の例

⬇娘を妻だと思っている

花子、お茶をいれてくれないか?

不安にさせる対応

現実を理解させなければ、と思う

認知症の人の言い分を否定したり、叱ったりする

違います、娘の明子よ

もう、いいかげんにして!

言われたことや、叱られた理由を理解することができない

「否定された」「叱られた」という不快感や不安だけが残る

精神的に不安定になる

症状が悪化する可能性もある

安心させる対応

認知症の人の気持ちを想像する
- 「妻も自分も若かったころ」の世界に生きている
- 妻にそばにいてほしいと思っている

認知症の人に調子を合わせる

はい、わかりました

自然な対応に、認知症の人が安心する

精神的に安定する

症状がおさまってくる可能性もある

認知症の人の気持ち

症状が強く出る原因を知っておく

大事な3つ

①症状が強く現れる原因は、病気の進行だけではない
②体調や環境が症状の現れ方に影響を及ぼすこともある
③症状が強く出るときは、多面的に原因を考えてみる

認知症の症状の現れ方は、病気の進行度だけでなく、環境や体調などにも左右されます。認知症の人には、症状が強く現れる「調子の悪い日」があるもの。ふだんにくらべて、とくに落ち着かない様子を見せるときは、原因を考えてみることも必要です。

症状が強く出る原因として考えられることは、主に4つあります。1つめが、健康状態。体調がよくないと、気持ちも不安定になりがちです。とくに注意したいのが、水分不足による脱水症や便秘、睡眠不足などです。2つめが、生活環境の変化。引っ越しや同居する家族がかわることだけでなく、室内の模様替えや使い慣れたものを処分するなど、小さな変化がきっかけになる場合もあります。3つめが、家族関係。同居する家族同士、または家族と認知症の人の関係がうまくいかないと、認知症の人のストレスも大きくなります。4つめが、認知症の人の役割が失われること。介護者が、何から何まで先回りしてやってしまうことは、認知症の人のためになりません。たとえ時間がかかっても、本人ができることは自分でしてもらう、という姿勢が大切です。

症状が強く出る場合に確認したいこと

健康状態

□脱水症を起こしていないか？
→水分不足のため、意識がぼんやりすることがある

□便秘をしていないか？
→便秘のために、おなかが張るなどの不快感を感じていることも

□きちんと眠れているか？
→睡眠不足はイライラ感や体調不良の原因になる

□トイレに行くタイミングなのではないか？
→尿意・便意を感じると、落ち着かなくなることがある

高齢者は脱水を起こしやすいので、日ごろからこまめな水分補給が必要。水分不足は、便秘の原因にもなるので注意する

生活環境の変化

□引っ越しや施設への入居など、生活スタイルの大きな変化がなかったか？

□同居家族の顔ぶれがかわっていないか？

□室内の模様替えをしていないか？

□認知症の人が使い慣れたものを処分していないか？
→新しい環境に適応するのは難しいため、できるだけ避ける工夫を。施設への入居は、体験入居などを利用して徐々に慣らしていくとよい

家族関係

□同居する家族同士はうまくいっているか？

□家族が、認知症の人を叱ったりすることが多くないか？
→家庭内でのけんかが多かったりすると、認知症の人が安心して過ごすことができない

認知症の人の役割

□本人ができることまで、介護者がしてしまっていないか
→小さなこと（例：洗濯物をたたむ、配膳・下膳など）でもよいので、役割をもち続けてもらうことが、症状の進行を抑えるのに役立つ

接し方

症状のレベルに合った接し方を心がける

大事な3つ

①認知症によってもの忘れはしても、知的レベルは下がらない
②認知症の進み具合によって、理解できるレベルが異なる
③病状を理解し、認知症の人にわかる伝え方を工夫する

認知症の人は、病気のためにもの忘れをするようになったり、時間や場所、人物の認識ができなくなってきたりしますが、本来の知的レベルまで下がるわけではありません。特定の分野のことはきちんと理解できたり、ときには健康なころと同じような反応を示したりすることもあるため、介護する家族は適切な接し方がわからずに悩むことも多いようです。

「叱らない」「否定しない」という原則はわかっていても、思わずいらだってしまうことがあるのは、家族ならではの悩み。介護者が精神的に追いつめられ、「私を困らせるために、わざとおかしなことをする」などと感じてしまうことも少なくありません。

認知症の人とのコミュニケーションをスムーズにするコツのひとつが、相手に合わせた伝え方をすること。簡単なことばで言いかえる、紙に書いて文字や図で示すなど、認知症の進み具合によって、本人が理解できるレベルは異なります。まずは認知症の人のようすを観察し、有効な伝え方を探ってみます。介護者が判断できない場合は、かかりつけの医師やプロの介護士にアドバイスを求めるとよいでしょう。

認知症の人への「伝え方」の工夫

①認知症を正しく理解する

・病気によって、もの忘れをしたり、時間や場所、人物の認識ができなくなったりする
・本来の知的レベルは下がらない
・現実の「今」とは違う世界に生きている場合がある
・病気の進み具合によって、理解できるレベルが違う　など

②本人の様子を観察する

・「ズボン」と言えばわかるけれど、「パンツ」と言うとわからない
・カレンダーを見せれば、今日が何日かわかる　など

③本人に理解できる伝え方を工夫する

・ものの呼び名を、家族全員で統一する
・簡単な表現を使う
・ことばで説明してもわからないときは、紙に書き、文字や図で示してみる

※介護者や家族が判断するのが難しい場合は、医師や介護士に相談を

接し方

わかりやすい話し方を心がける

大事な3つ

①大きな声でゆっくりと、おだやかな口調で話す
②わかりにくいことばは、簡単な表現におきかえる
③認知症の人が答えやすいよう、質問は具体的にする

介護する家族にとっていちばんのストレスは、認知症の人と意思の疎通がうまくいかないことでしょう。「なぜ、言ってもわかってくれないのか」と思うこともあるでしょうが、認知症は少しずつ進行していく病気。以前わかったからといって、今もわかるとは限りません。言いたいことを伝えるためには、家族の側が話し方を工夫する必要があります。

もっとも注意したいのは、叱るような言い方をしないこと。実際には叱っていなくても、強い口調で話すと、認知症の人は「叱られた」と感じてしまうことがあります。話し方の基本は、ゆっくりと、穏やかに。高齢者は聴力が衰えていることも多いので、本人の近くで、大きめの声で話すことも大切です。話しているときは反応をよく見て、内容を理解しているかどうかの確認を。難しいことばは簡単に言いかえ、「お皿」と「食器」など同じものを示す複数の表現がある場合、できれば家族で言い方を統一しておきます。また、質問するときはポイントを絞ります。抽象的な言い方だと何を聞かれているのかわからない場合があるので、具体的に尋ねましょう。

話し方のコツ

家族全員で共通のことばを使う

「ズボン」と「パンツ」など、同じものを違う名前で呼ぶのは避け、家族全員が同じ言い方を心がける

病気が進むと、本人への呼びかけ方も統一が必要なこともある

息子：「おふくろ」
娘：「ママ」「おかあさん」
夫：「花子」

認知症の人の「自分像」に合わせて呼び方を統一する

・子どもがいることを認識しているなら➡「おかあさん」
・若いころのつもりでいるなら➡「花子さん」など

声の大きさや口調に気を配る

聴力が衰えていることも多いので、大きな声でゆっくりと。おだやかな口調を心がける

わかりやすい表現を使う

認知症の人の理解度に合わせて、わかりやすい言い方におきかえる

①簡単なことばで言いかえる
「食事をしましょう」
➡「ごはんを食べましょう」

②一度にふたつのことは言わない
「着替えたら散歩に行きましょう」
➡「着替えをしましょう」
（着替えがすんだら）「散歩に行きましょう」

③質問は具体的に
「ごはんはおいしかった?」
➡「この煮もの、味が薄くない?」

接し方

不快感を与える態度に注意する

大事な3つ

①ことばだけでなく、態度で思いを伝えることも大切
②怒った態度や乱暴な動作を見せるのは逆効果
③認知症の人の気持ちを傷つけるような態度はとらない

認知症の人とのコミュニケーションには、話し方に加えて、態度も大きな意味をもちます。認知症の人は、症状が進むと複雑な話は理解するのが難しくなってくることもあり、相手の気持ちを感覚的にとらえることが多くなるからです。家族が心がけたいのは、穏やかな態度で接すること。ぶっきらぼうな動作でやさしいことばをかけても、認知症の人には伝わりません。話しかけるときはきちんと顔を見て、ことばの内容に合った表情で。また、イライラさせられることがあっても、怒ったりせかしたりするような態度は逆効果です。認知症の人は「相手がなぜ怒っているのか」を理解することができないため、怒ったような顔や乱暴な動作を見せられるとおびえてしまいます。気持ちが不安定になると、症状の悪化につながることもあるので注意が必要です。

忘れてはならないのが「認知症になったからといって感情までなくなるわけではない」ということ。見下したような言動やえらそうな態度などは、認知症の人を傷つけます。家族としての信頼感を損なうような態度をとらないように気をつけましょう。

認知症の人に接する態度の基本

ことばと表情を一致させる

話の内容を理解するのが難しくなるため、相手の気持ちを感覚的にとらえることが多い

穏やかな態度で

安心することで気持ちが安定し、症状の改善につながることもある

認知症の人を見下すえらそうな態度をとる

✕NG

理解力などは衰えても、感情はあることを忘れずに。認知症の人を傷つけるような態度は避ける

怒ったりせかしたりするような態度、乱暴な動作

✕NG

相手が怒ったりする理由がわからないため、「怒られた」ことなどに対する不快感やおびえだけが残る

暴力をふるう

✕絶対にNG！

ことばの暴力も含め、何があっても暴力をふるったり、そのようなそぶりを見せたりしてはダメ!

認知症の人には理由がわからないため、暴力をふるわれた場合の恐怖感はとても大きい。家族や介護者としての信頼が失われ、「いやな人」「こわい人」という存在になってしまいかねない

接し方

認知症の人にも役割をもってもらう

大事な3つ

①認知症の人にも、何らかの役割をもってもらう
②「家族の役に立っている」と感じてもらうことが大切
③認知症の人が得意だった家事などを頼むとよい

認知症の人が暮らすグループホームでは、「自分でできることは、自分でする」のが原則です。認知症の人に何らかの役割をもち続けてもらうことは、症状の進行を抑えるのに役立つからです。ずっと続けてきた家事や仕事などは、認知症がかなり進んでも覚えています。自宅でも、認知症の人に頼める「仕事」を作りましょう。家族がしたほうが早く上手にできることでも、手出しはせず、じっくりとり組んでもらうことが大切です。認知症の人は、家族に負担をかけていることを感じとり、「申しわけない」と思っていることが多いもの。でも、何かひとつでも役割をもっていれば、自分も家族の役に立っていることを実感し、前向きな気持ちをもち続けることができるのです。

役割は、危険がなければ何でもかまいません。ただし、認知症の人にできるのは、すでに本人の身についていることだけ。たとえば、編み物をしたことがない人に編み物を教えようとしても、覚えることはできません。必要な道具なども、本人が使い慣れたものを用意するとよいでしょう。

認知症の人の役割の探し方

無理のない範囲で頼む

洗濯物をたたむ、洗った食器をふく、など、日常の作業を細かく分け、認知症の人に無理なくできることだけを頼む

本人がもともとできることを選ぶ

新しいことを覚えるのは難しいので、認知症の人がずっと続けてきたことや、よく知っていることをしてもらう

使い慣れた道具を用意する

掃除機よりほうきとチリとりなど、認知症の人が使い方をよく知っていて、スムーズに使える道具を用意する

結果を求めない

時間がかかる、完璧にできない、などの理由で役割をとり上げないように注意。「何かをしてもらうこと」に意味があるのを忘れずに！

家事にかかわってこなかった人には…

自宅では、家事以外の仕事を探すのが難しいもの。仕事ひと筋だったような人の場合は、仕事を思い出させる話題選びや雰囲気作りを心がけるとよい

管理職だった人:部下の立場で相談をし、アドバイスを求める
経理の仕事をしていた人:計算機・算盤などを用意して、簡単な計算をしてもらう　など

接し方

尊敬と感謝の気持ちを忘れない

大事な3つ

①病気を受け入れ、現状に合った対応を心がける
②認知症の人の「今」を否定するのではなく、「これまで」を認める
③認知症の人に感謝のことばなどをかける機会を作る

認知症の人の家族には、大きなストレスがかかります。とくに子どもが親の介護をする場合、健康だったころを知っている分、認知症になった親を受け入れるのが難しいことが多いようです。でも、自分の中の「親」のイメージにこだわり続けるのは、お互いのためによくありません。家族が「以前のようになってほしい」と願うほど、それに応えることができない認知症の人に否定的な態度をとってしまいがち。こうした状態が続くと、認知症の人は気持ちが不安定になり、症状の悪化につながることも少なくありません。まずは家族が認知症という病気を受け入れ、現状に合った方法でコミュニケーションをとる工夫をしていくことが大切です。

日ごろから心がけたいのは、認知症の人のこれまでの生き方をきちんと認め、尊敬や感謝の気持ちをもち続けること。本人にそれを感じてもらうためにも、家庭内で何らかの役割を果たしてもらい（92ページ参照）、お礼のことばなどをかける機会を作りましょう。認知症の人にとって、「家族に必要とされている」という思いは、大きな支えになります。

認知症の人と接するときに心がけること

感謝や尊敬の気持ちをもち続ける

認知症の人が、これまでにしてきたことを忘れない。相手への感情は態度に現れ、認知症の人にも伝わるもの

健康だったころのイメージにとらわれない

現状を否定し続けるのは、家族全員にとってマイナス。気になる言動は、すべて病気のせいだということを理解する

感謝のことばなどをこまめに伝える

日ごろから、「認知症の人を認めている」ことを示すことばをかけるようにする

●感謝する

「いつも洗濯物をたたんでくれて、ありがとう」

「庭掃除をしてもらって、助かったわ」

●ほめことばをかける

「お母さん、編み物が上手ね」

「盆栽の手入れは、やっぱりお父さんじゃないとだめだね」

●過去の仕事などにからめて意見を求める

「会社に遅刻ばかりする後輩がいるの。どうやって注意すればいいかな?」

「実際に何ができたか」ではなく、認知症の人を「認める」ことが大切。認知症の人は、感謝されることで、「役に立っている」「家族に必要とされている」という実感が深まる

接し方

介護日記をつけてみる

大事な3つ

①認知症の人の「困った行動」にも、理由やきっかけがある
②介護日記をつけ、認知症の人の行動パターンをつかむ
③医師や介護の専門家に相談する際は、介護日記を持参するとよい

認知症の進行に伴って、さまざまな気になる行動が見られるようになります。家族が知っておきたいのは、認知症であっても、行動には必ず理由やきっかけがある、ということ。まわりの人には「困った言動」と受け止められることも、本人にとっては筋が通ったものである場合が多いのです。

認知症の人の気持ちを理解するためにおすすめなのが、「介護日記」をつけることです。日記といっても、メモ書き程度で十分。いつ、どんな状況で何をしたか、家族の対応をどう受け止めたかなどを、気づいたときに書き留めておきましょう。ある程度続けていくと、認知症の人の行動パターンが見えてくるもの。「なぜ」「どのようなときに」困った行動が起こるのかを予測できるようになれば、家族に気持ちの余裕が生まれます。同時に、介護日記をつけることで、家族が状況を客観的に見られるようになる効果もあります。介護日記は、家族以外の人に病状を伝える際のよい資料にもなります。医師や介護の専門家に見せて相談すれば、より具体的で適切なアドバイスを受けることができるでしょう。

介護日記の書き方と役割

気になる行動
いつ、どのようなことをしたのか、具体的に

家族の対応と本人の反応
だれが、どのように対応したのか、具体的に。それに対する認知症の人の反応も書き添えておくとよい

○月×日
5：30
ひとりで起きだし、散歩に行くと言う。
昨夜はよく眠れなかったようで機嫌が悪い

8：00
「出勤するから」と家を出て行こうとする。
→○○子が「今日は日曜日」と言うと納得する

11：00
「財布がない」と言って家の中を探し回る
→△△男が「いいかげんにしてくれ!」と言うと、「うるさい!」と怒り出す

体調の変化など
睡眠、食欲、便通、機嫌のよさなど、目についた変化をメモしておく

行動パターンがわかる メリット1
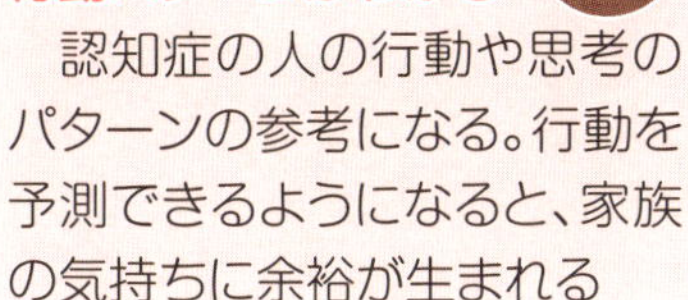
認知症の人の行動や思考のパターンの参考になる。行動を予測できるようになると、家族の気持ちに余裕が生まれる

状況を客観視できるようになる
記録をつけることで客観的な視点をもてるようになり、冷静な対応ができるようになる

家族が判断できない場合は、医師や介護の専門家に日記を見せて相談を!

接し方

自宅介護に「回想法」をとり入れてみる

大事な3つ

①過去を思い出して語る回想法を、家庭で実践してみる
②回想法には、脳を活性化させる効果が認められている
③家族が上手に質問をしながら、思い出話などを聞くとよい

認知症によって理解力などが低下してくると、どうしても家族との会話が少なくなってしまいます。そんなときは、「今、起こっていること」ではなく、過去のことを話題にするのがおすすめ。記憶をたどって過去の体験などを話すことで脳が刺激され、なつかしい思い出で本人の気持ちも癒(いや)されます。認知症の人とのこうした会話は、「**回想法**」と呼ばれる心理療法の一種にあたります。回想法には脳を活性化させ、認知症の進行を遅らせる効果が認められているので、家庭でも積極的にとり入れてみましょう。

過去の話を聞くときは、まず、家族から質問をしましょう。認知症の人が答えやすいよう、ポイントをしぼって具体的に聞くのがコツ。アルバムや思い出の品などを見ながら会話を広げていくのもよい方法です。ただし、本人が思い出したくないことや話したくないことまで、無理に聞き出す必要はありません。認知症の人のペースに合わせて、ゆっくりと話を聞きましょう。回想法によって急激な症状の改善が望めるわけではありませんが、家族と語り合う時間をもつだけでも気持ちの安定につながります。

家庭でできる！　回想法のコツ

写真や思い出の品を見ながら話す

過去のことを思い出すきっかけになり、家族にとっても話題を広げやすい

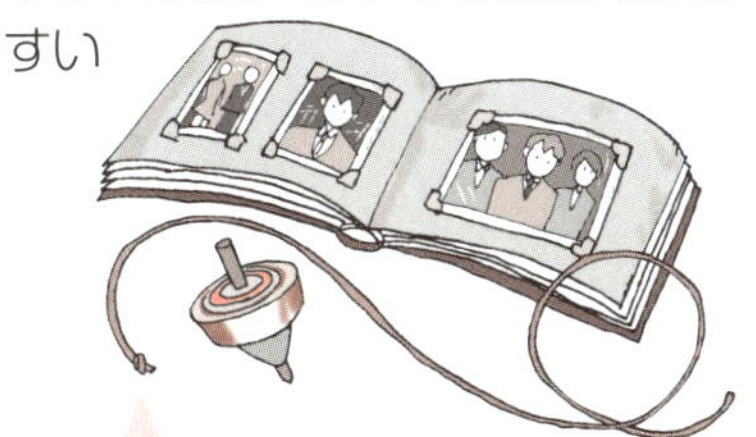

「おとうさんのとなりにいる人はだれ？」
「古いベーゴマを見つけたの。ベーゴマって、どうやって遊ぶの？」

具体的に質問する

質問のしかたがあいまいだと、何を聞かれているのかわからず、答えにくいことがある

×「小学生のころのことを話して！」
○「小学生のころ、犬を飼っていたんでしょう？　なんという名前だったの？」

話すことを強制しない

思い出したくないことや話したくないことまで、無理に聞こうとしない

間違っていても訂正しない

事実を正確に思い出すことではなく、記憶をたどって語ることに意味がある

こんなもの・ことをきっかけに！

- アルバム
- 古い生活用具
- 古い本や雑誌
- 仕事の道具
- 昔の有名人
- 若いころの映画や音楽
- 昔なつかしい食べもの
- 古い年賀状やハガキ

接し方

失火や交通事故を防ぐ

大事な3つ

①認知症の初期から中期は、家族が事故防止に気を配る
②暖房器具や調理器具は、火を使わないタイプに取り換えるのが理想
③家族が説得し、車の運転は早い段階でやめてもらう

自宅で認知症の人の介護をする場合、もっとも気をつけなければならないのが、周囲まで巻き込む可能性のある失火や交通事故です。とくに、本人に認知症の自覚があっても「まだ大丈夫」と考えてしまいがちな初期から中期には、家族が十分に注意する必要があります。事故につながるような失敗をしたとき、認知症の人を責めたり問いつめても、その後の事故防止にはつながりません。それよりも、家族の側が事故を避ける工夫をするほうが確実です。

失火を防ぐためにもっとも有効なのは、暖房や調理のための器具を、火を使わないタイプのものに取り換えること。とくに、少しでも自宅でひとりになる時間がある場合は、「火を使えない」環境をつくっておくと安心です。交通事故を防ぐためには車をもたない、鍵を置かないのがいちばんですが、免許証を返納するのも方法です。本人に納得してもらうため、できれば複数で説得します。また、どんなに軽いものでも事故を起こしたら、すぐに運転を禁止するべきです。事態の深刻さを伝えるため、この場合だけは、強い態度に出てもかまいません。

深刻な事故を防ぐために

失火の防止

難しい場合は…

- できるだけ、自宅でひとりにしない
- 火を使ったあとは、必ず家族が消火を確認する
- 買いおきの灯油などに、認知症の人が触れないようにする

火を使えない環境をつくる

暖房器具・調理器具を、火を使わないものに取り換える

交通事故の防止

運転できない不便さをフォローする

路線バスのルートや時刻表を調べる、週に一度は家族が買いものに連れていくなど、車にかわる交通手段を提案する

運転免許証の返還を説得する

運転を続けると事故を起こす可能性があることを伝え、納得してもらう

事故を起こしたときは…

本人が納得しなくても、車の運転を禁止する。事態の深刻さを感じてもらうため、このときだけは強い口調で叱ってもかまわない

接し方

環境をかえるときは慎重に

大事な3つ

①環境の変化によって、認知症が悪化することもある
②環境をかえる場合は、時間をかけて少しずつ慣れてもらう
③住み替え先などのスタッフには、事前に自宅でのようすを伝えておく

認知症の人がいちばんくつろげるのは、住みなれた自宅です。たとえ健康であっても、高齢者にとって新しい環境に適応するのは大変なこと。環境の変化がきっかけとなって、認知症の症状が進んでしまうことも少なくありません。認知症の介護には外部の援助が欠かせませんが、住み替えを伴う場合は、急激な環境の変化を避ける工夫が必要です。短期間のショートステイであっても、準備不足のまま利用すると、症状の悪化につながる可能性があることを覚えておきましょう。

大切なのは、新しい環境に少しずつ慣れてもらうことです。グループホームであれば、ある程度の期間、通所介護を利用し、職員や環境に慣れてから体験入居に進みましょう。ショートステイの場合も、最初はできるだけ短い日数から始めます。いずれの場合も、利用前にスタッフと話し合う時間を作り、認知症の人の病状やふだんの様子、自宅での介護のしかたなどを伝えておくようにします。また、受け入れ先の環境が認知症の人に合わない場合は、本人に無理をさせず、別の受け入れ先を探しましょう。

環境をかえる場合に気をつけること

ショートステイの利用は短期から

緊急時以外、ショートステイはできるだけ短い期間から利用する

環境の変化に伴うリスクを知っておく

環境の変化がきっかけとなって、症状が進んでしまうことがある

スタッフとの相性も大切

居心地のよさを左右するので、スタッフとの相性にも注意する

グループホームは通所介護から

まずは通所介護を利用してみる。環境に慣れてから、体験入居を

自宅でのケア法を伝える

事前に、病状や自宅でのケア法を伝え、接し方などを工夫してもらう

介護日記（96ページ参照）をつけている場合は、スタッフに見せるとよい

接し方

家族は介護のプロにならなくてよい

大事な3つ

①接し方のコツを知ることは、家族のストレス軽減に役立つ
②「家族にはできないこともある」と割り切ることも大切
③家族や外部の施設の協力を得て、介護の負担を分散する

認知症の症状が進んでいくのは、家族にとってもつらいことです。認知症という病気をきちんと理解していても、現実を受け入れるのは難しいもの。お互いのストレスを減らし、コミュニケーションをスムーズにするには、接し方のコツなどを知っておくことが役立ちます。ただし、介護の専門家が認知症の人と上手に接することができるのは、現状を冷静に受け止められる「他人」だから。家族は、介護のプロのようになろうとする必要はありません。認知症の人へのさまざまな思いを抱えた家族には、できないことがあって当然です。自宅では、家族ができる範囲のことをすれば十分。できない部分は外部の援助を上手に利用しましょう。

認知症の介護には、家族全員の協力が必要です。たとえ夫婦や親子2人暮らしのような状況であっても、いつも介護者と2人だけで過ごすのは、よいことではありません。感情的な行き違いが起きやすく、お互いの信頼関係がくずれてしまうこともあるからです。ほかの家族や外部の施設などの協力を得て、介護の負担を分散する工夫も必要です。

介護の負担を軽くするために

接し方のコツを知り、実践してみる

「否定しない」「叱らない」など、認知症の人への接し方のコツは、ある程度知っておくと役に立つ

「介護のプロ」をめざさない

家族と他人では、ものごとの受け止め方が違う。家族は、家族としてできることをすればよい

家族で協力し合う

できるだけ大勢で介護を分担する。別居している家族も、ひんぱんに訪問するなどの努力を

「介護のプロ」になることを求めない

家族や親せきは、主介護者に完璧を求めない。介護に不満を感じる場合は、手助けを申し出る

外部の援助を受ける

介護サービスを積極的に利用する。家族以外の人と接する時間は、認知症の人にとってもプラスになる

主介護者のストレスをやわらげる

中心となる介護者にはストレスを発散する時間が必要。少しでも自由時間をもってもらう

COLUMN

あなたの利用者負担は何割？

高額所得者の利用者負担がアップ

2018年介護保険の改正で最も関心を集めたのが、高額所得者の利用料が2割から3割に引き上げられたことです。2割の人のなかでもとくに所得の多い人が対象ですが、2015年に1割から2割に引き上げられたのに続く利用者負担増なので、該当者にとっては大きな問題です。

例えば、2014年以前は月額1万円の負担だった高額所得者の場合、同額のサービスを利用しても2015年度から2万円、2018年度からは3万円になっています。

「高額介護サービス費」で大きな負担増にはならない

とはいえ、所得に関係なく、月額の上限は「**高額介護サービス費**」制度によって44,400円（世帯）と決められています。施設介護の介護老人福祉施設（特養）のサービス費（ユニット型・要介護5の利用者）を例にとってみてみましょう。月額では、1割負担の人で約27,000円程度のところ、3割負担の高額所得者になると約81,000円と高額になってしまいます。その差額を緩和するために、高額所得者でも「高額介護サービス費」制度を利用すれば、44,400円が上限となるしくみになっています。

利用者の所得による負担割合

年金収入等の条件	負担割合
年金収入等340万円以上（※1）	3割
年金収入280万円以上（※2）	2割
年金収入280万円未満	1割

※1　具体的な基準は政令事項。「合計所得金額（給与収入や事業収入等から給与所得控除や必要経費を控除した額）220万円以上」かつ「年金収入＋その他合計所得金額340万円以上（単身世帯の場合。夫婦世帯の場合463万円以上）」とすることを想定。単身で年金収入のみの場合344万円以上に相当

※2　「合計所得金額160万円以上」かつ「年金収入＋その他合計所得金額280万円以上（単身世帯の場合。夫婦世帯の場合346万円以上）」単身で年金収入のみの場合280万円以上に相当

第4章

身近な人の困った行動への対処法

BPSD

BPSD

BPSDを起こすようになったら?

大事な3つ

①訴えを否定したり叱ったりしても意味がない
②介護者がいつもおおらかな気持ちでいること
③BPSDを誘発している原因を取り除く

徘徊や暴力などのBPSD(認知症の行動・心理症状)を起こした本人に、理由を問い詰めても意味がありません。認知能力が低下し「なぜいけないか」が理解できないからです。相手のことばを否定したり、叱ったりしたら介護者への不信感を募らせ、介護で最も大切な「信頼関係」が損なわれます。症状の悪化や新たなBPSDのきっかけになることもあるので、介護者は冷静に受け止める必要があります。

冷静に受け止めたら、BPSDはどんなときに出やすいかよく観察し、その原因を取り除きます。何に対し不安や不満を抱いているのか。便秘や脱水、痛み、かゆみなど体調が原因の場合もあります。

また、暴力など危険な行為があったら、周囲の危険物を撤去するなどの対処をします。危険行為がエスカレートするようなら、病院を受診し薬物治療などによって抑制する方法もあります。

嫉妬妄想が高じてきたり、大きな声を上げるようになっても、とくに実害がないようなら、介護をする家族全員が情報を共有し、「病気の症状」と認識して静観するのも1つの方法です。

BPSD（行動・心理症状）への対処のポイント

①症状の出方を観察する

どんな時間帯や場面でBPSDが出やすいか、あるいは危険などがないか、よく観察します。

②本人の話をよく聞く

本人の話をよく聞いて落ち着かせます。おおらかな態度で接し、本人の不安を軽くします。認知力が低下している相手のことばを否定したり、叱ったりしても意味がありません。

③原因を調べる

BPSDには原因があります。不安や不満、さらに体調の不良など、会話のなかで原因を察知し、取り除く工夫をします。

④関心を別の方向に誘導する

1つのことにこだわるのは認知症の特徴なので、エスカレートする前に本人の関心をほかに向けます。

⑤危険があれば取り除く

傷害・失火・転倒・徘徊などの危険があるようなら、環境を整えて予防したり、危険物を取り除いたりします。エスカレートするようなら医師に相談します。

⑥実害がないなら静観する方法もある

大声を上げたりしたら家族はあわてますが、実害がないようなら、病気が原因と理解して放っておくのも1つの方法です。

⑦複数で介護する場合は情報を共有する

相手によって問題が出たり出なかったりするので、複数で介護する場合は情報を共有し、同じ方法で介護をするように心がけます。

⑧介護職と連携して対処する

介護の専門職に、接し方や介護保険の利用を相談したり、深刻な事態にならないように連携して対処します。

もう限界!!

食べたことを忘れてしまう

食事をしたことを忘れて、食後すぐに食べたがります。夜中に起きて、冷蔵庫をあさることもあります。体にも悪いし、生活のリズムも崩れるので、何とかならないでしょうか？

お年寄りの気持ち

「お腹がすいてかなわない。ご飯くらい好きに食べさせて欲しい。食べさせないのは意地悪だ」

原因

食事をしたことを忘れているのが原因です。食欲中枢が障害されて、満腹感が得にくくなっている場合もあります。

対処法

食べたことを思い出させようと、叱っても効果はありません。

「いま用意しますから、少し待ってね」とその場を離れるのが有効です。時間をおくと空腹を忘れてしまうこともあります。

あるいは食後、すぐに食欲を訴えるようなら食器をそのままにしておき、「食べた記憶」を温存させるのもいいでしょう。

それでも、空腹を訴えるようなら、お茶などの水分を補給したり、低エネルギーのおやつなどを出すと落ち着きます。夜中に起きて、家族の知らないあいだにご飯をあさる場合は、ジャーなどを空にしておき、おかずは残さないようにしておくことです。逆に、カロリーの少ない軽いものをわざと残しておくと、興奮がおさまります。

もう限界!!

何でも口に入れてしまう

食べられないものを、口に入れます。タバコは食べたら危険ですし、ボタンなどを口にして喉に詰まらせたら大変です。危険なものは近くに置かないように注意していますが限界です。

お年寄りの気持ち

「おいしそうなものなので、口にしたけど、なぜ叱られるのかわからない」

原因

認知機能の低下で、食品と食べられないものの区別ができなくなっているために起きます。

対処法

日ごろからよく観察し、危なそうなことがないか、目配りをすることが大切です。ボタンなど口に入れやすいものやタバコ、薬など危険なものは手の届くところに置かないことです。症状によっては、紙おむつや洗剤、石けんなどを口にする要介護者もいます。これらの品を隠すのは難しいでしょうが、よく観察し「やりそう」と感じたら、そっと隠す方法が有効です。

夜中に冷蔵庫を開けて、冷凍食品や生肉などを食べることもあります。鍵のかかる冷蔵庫を選ぶか、フックなどを利用して開きにくくするなどの対処が必要です。

いずれにしても、食べたときの対処法を医療関係者に聞いておくことと、異食したとき、食べたものを持ってすぐに病院に連れて行くことが大事です。

もう限界!!
夜、眠れない

軽度の認知症ですが、夜、眠れないようです。昼間ウトウトしていることが多く、そのために、また夜眠れません。悪循環のような気がするので、なんとか夜、眠れるようにしてあげたいのですが……。

「眠れないと不安が大きくなって、とてもつらい。認知症が進むのではないか心配になる」

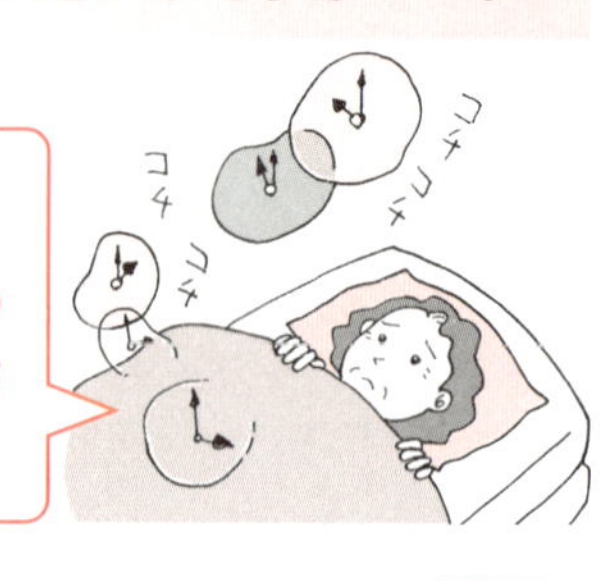

原因

高齢者は全体に睡眠が浅くなります。なかなか寝つけない、すぐに目が覚めるなど、思うように睡眠がとれない人は少なくありません。認知症になるとさらに時間の感覚が障害されるために、昼夜の区別があいまいになってきます。

対処法

認知症の人だけでなく、高齢者全般に、昼間は運動や散歩などによって活動的な生活をして、夜はゆっくり休むといった生活のリズムを整えることが大事です。日光を浴びて自律神経の働きをよくするのも有効な方法です。

時間の感覚があいまいになってきた認知症の人の場合は、家族が寝るしたくを見せたり、口腔ケアをしたり毎日行っていることを促して、眠ることを意識づけることが大事です。

通所介護を利用して、レクリエーションや入浴サービスを受け、適度な疲労を得て、夜、自然に眠れるようにしましょう。

もう限界!!

夜中に起きて騒ぐ

認知症が進んで、夜中に起き出しては騒ぎます。玄関から出て行こうとします。家族は仕事があるので、つき合い続けることはできません。ぐっすり眠ることができず、くたくたです。

お年寄りの気持ち

「目が覚めると真っ暗で自分がどこにいるのかわからない。早く家に帰りたい」

原因

夜になると、さまざまな妄想や不安にさいなまれ、興奮して騒ぎます。「夜間せん妄」と呼ばれる症状です。

対処法

夜、眠れない場合に、昼間の活動量を増やすのは、眠れない高齢者全般の対処法ですが、興奮がおさまらないようなら、なんらかの対処を考えましょう。

まず、興奮の程度を観察し、とくに危険がないようなら、多少騒いでも放っておくのも1つの方法です。玄関から出てしまうといった危険がある場合は、施錠などが必要です。

早めに就寝するために夜中に起きて騒ぎ出す場合は、就寝を遅らせる工夫をしましょう。家族に余裕があれば添い寝などをして、不安を和らげるのも有効です。

上手な介護を行っても夜間せん妄がおさまらない場合は、医師に相談し、薬物療法などを受ける方法もあります。

もう限界!!

着替えを嫌がる

しばらく前まで１人でできていた着替えができなくなりました。手伝おうとすると嫌がり、無理に着替えさせようとすると大声で怒鳴ります。何日も着て汚れて臭いのに本人は平気です。

お年寄りの気持ち

「どのように下着やシャツを着ればいいのかわからない。裸にされるのは嫌だ」

原因

服を見ても衣類と理解できず、更衣の意味もわかりません。汚れていることや悪臭もわかりにくくなっています。着替えの手順もわからなくなり、体に手を触れられたりしたら、何をされるのかと思い身を縮めます。

対処法

声かけをすれば、1人で着替えられるようなら、「これはシャツでしょう」「ズボンですよ」と言うより、「このシャツに腕を通してね」と、着替えの手順をひとつひとつアドバイスしましょう。何もかも手伝うより良い方法でしょう。

服を脱ぐことの不安や、自分の持ち物を奪われるのではないかという気持ちから拒否するのであれば、「着替えて散歩に行きませんか？」と「散歩」に関心を向けさせ、着替えてもいいかなと思わせる方法もあります。

お風呂を嫌がらないなら、入浴のとき着替えをさりげなく置いておきます。

もう限界!!

入浴を嫌がる

最初は１人で入浴できていたのに、あるときから拒否しだしました。着替えを手伝おうとすると、突然怒り出しました。健康なときはお風呂好きだったのに、とてもショックです。

お年寄りの気持ち

「着替えも風呂の入り方もわからない。裸にされると何をされるかわからなくて不安だ」

原因

入浴方法や着替えの手順がわからなくなり、入浴がおっくうになります。やがて裸にされる恐怖から入浴拒否が始まります。

対処法

裸にされる恐怖心を和らげることです。介護者がいっしょに入浴するのも有効です。

毎日の決まった行動が不安を起こさないポイントです。生活パターンに入浴を組み込み意識づけさせると、スムーズにいくことがあります。入浴は拒否しても、出たあとは気持ちよく、安定することが多いものです。

どうしても拒否するようなら通所介護の入浴サービスを利用してプロに任せるのも1つの方法です。

入浴拒否が続くようなら、体の一部を拭くだけでも清潔は保てます。入浴や着替えを拒否するからといって、介護者はあまり神経質にならず、3日に1度で十分とおおらかな気持ちになることも大切です。

もう限界!!

嫉妬を訴える

認知症の母は、訪問介護に来るヘルパーさんと自分の夫が浮気していると、だれかれなく話します。ヘルパーさんにも迷惑ですし、子どもとしては情けなくなるのでやめさせたいのですが……。

お年寄りの気持ち

「お父さんは昔から浮気性だったから、ヘルパーとも怪しい。あのヘルパーを替えて欲しいわ」

原因

自分に自信がなくなり、配偶者に見捨てられるのではないかという不安から、嫉妬妄想が起こります。男性の場合、性的な行為を強要したり、暴力をふるうケースもあります。

対処法

認知症と承知していても、信頼する親から、「浮気」などのことばを聞けば、あわてたり、情けなくなるのはしかたのないことです。

しかし、否定したり、叱ったりしても何の解決にもなりません。まずは本人の話をよく聞いてあげることです。否定せず、根気よく聞けば落ち着きます。

本人があちらこちらにふれ回っても、実害がない限り家族は気にしないことです。介護する家族が複数のときは、本人のクセをみんなでよく知り、情報を共有すれば、同じような接し方ができます。暴力などの傾向が見られたら専門職に相談し、医師の診察を仰ぎましょう。

もう限界!!

お金や通帳が盗まれたと訴える

同居する夫の母親は、財布を見失うと必ず私を疑います。「盗んだろう」と疑うばかりか、近所にふれ回ったり、夫のきょうだいにも告げ口するので、半信半疑の目で見られることもあります。

お年寄りの気持ち

「最近、大事な財布や通帳がしばしば盗まれる。犯人は同居する嫁に違いない……」

原因

もの忘れが多くなり、それに伴って思い込みや錯覚が増えるのが原因です。身近な人ほど泥棒にされやすい傾向があります。

対処法

本人を落ち着かせることが大事なので、疑ったり、叱ったりせずいっしょに探すようにします。

隠したり、見失ったりする場所はだいたい同じなので容易に見つかりますが、すぐに見せないで、「ここを探したらどう?」と本人に見つけさせると納得します。

もともと紛失の事実がない場合は、しばらくいっしょに探し、「そろそろごはんにする?」「散歩に行く?」と関心をほかに向けさせます。

たまにやって来るきょうだいなどが本人の話を真に受けるようなら、「認知症の症状」をよく話し、理解してもらいましょう。介護に関わる全員で情報を共有し、同じような接し方をすることが大事です。

もう限界!!

家族がわからない

1カ月に1度、実家の父親を訪ねていますが、子どもである私の名前がわからなくなりました。他人と間違えることもあります。同居する兄夫婦の名前はわかるようです。

お年寄りの気持ち

「だれだかわからんが、ときどき訪ねてくる男がいる。知らない人に会いたくない」

原因

見当識障害が進むと、家族など身近な人を見分けられなくなったり、知らない人だと思い込んだりします。多くの認知症患者に見られる症状です。

対処法

「家族がわからなくなる」のは認知症の人ではよく見られる症状です。家族は、いずれそういう事態になることを覚悟して、わかるうちにコミュニケーションを十分にとっておきましょう。「おれだよ。次男の健二だよ」と叫んでも意味がありません。

子どもなど身近な人ほど、「自分の顔を忘れられたショック」は大きいものですが、現実は認知症によく見られる症状なのです。

あらかじめ覚悟をしておけば、ショックを小さくすることができます。「理屈ではわかっているが……」と言う人も多いでしょうが、ここでもあわてたり、いら立ったりせずに落ち着いて現実を受け入れるしかありません。

もう限界!!

介護を拒否する

１人ではできないのに、子どもの私が手伝おうとすると拒否します。転びそうになることもあり、危険で見ていられません。介護を受け入れてくれないと、日常生活に支障を来たします。

お年寄りの気持ち

「自分1人でできるのに、いちいち手伝おうとして迷惑だね。余計なお世話だよ」

原因

まだ自立した生活ができると思っているのに、手伝われると自尊心が傷つきます。そんなに衰えたのかと不安も募ります。

対処法

まず、「1人でできない」と介護者が感じていることが正しいかどうか、本人の様子をよく観察することが大事です。本当はできるのに、家族が過介護をしているケースもあります。

認知症による介護拒否であれば、本人の自尊心を傷つけないことを第一に考えましょう。認知能力が低下しても、自尊心などの感情はそのまま残ります。介護によって自分の能力を否定されたと思い、反発するケースがあります。また、介護そのものの意味がわからずに、不安から拒否する人もいます。本人にとって快適でない介護を行っていることも考えられるので、専門職に別のやり方をアドバイスしてもらい、試してみるのも1つの方法です。

もう限界!!

突然、大声で叫ぶ

母は気に入らないと大声で叫びます。その頻度が増えているようで心配です。夜も眠れないと興奮し、乱暴なことばを発します。家族だけでなく近所にも迷惑なのでやめさせたいのですが。

お年寄りの気持ち

「みんなで私をバカにしている。なめられちゃいけない。なんとかしなくちゃ」

原因

脳の病変によって、実際には起こっていない事態に興奮して「だれかに悪口を言われた」などと大声を張り上げます。異常な興奮は、幻覚症状が出やすいレビー小体型の認知症患者に多い症状です。

対処法

多弁やことばの激しさは女性に多い特徴です。大声を上げているときに、介護者も大声で対応するのは最悪です。落ち着くまで待つか、「何か困っているの？」と静かに声かけをします。ほとんどの場合、家族にはわからなくても興奮の引き金となった原因があります。他人のことばに傷ついたり、疎外感や被害者意識が粗暴行為を引き起こしているケースが多いのです。

大声による実害がなければ、見守るのも1つの方法ですが、夜間の大声で困るようなら、昼間の運動や散歩によって夜の睡眠を促すのも効果的です。興奮状態が続くようなら、医師に相談し治療を受けましょう。

もう限界!!

暴力行為に及ぶ

父はイライラが募ると、興奮して暴力をふるいます。もともと穏やかな性格で、家族に手を上げることなど一度もありませんでした。いくら認知症でも、こんなに変貌するのでしょうか？

お年寄りの気持ち

「うまく話せないので、周りの人間はおれを見て笑っている。バカにしているに違いない」

原因

自分の思うようにいかない事態になると、不安から興奮状態になります。レビー小体型の認知症の患者は幻視や錯視から、興奮状態になりがちです。

対処法

まず暴力による被害が拡大しないようにします。周辺に包丁や棒など、凶器になるようなものがあれば隠します。いきなり力ずくで取り押さえようとすると興奮をあおることにもなりますが、物を投げたりして危険な場合は数人で抑えて、暴力行為が続かないようにします。

なぜ興奮して暴力行為に及んだかを探り、原因となった行動をやめたり、環境を改善したりすることで暴力行為を抑制できることがあります。

体調による不快が原因であれば、便秘、かゆみ、痛みなどを抑える治療をします。暴力行為が続くようなら、医師に相談し治療を受けましょう。

もう限界!!

排泄の失敗をくり返す

トイレ以外のところで排泄をしたり、おもらしをしたりします。尿意や便意を感じなくなっているようです。わざとではないので、失敗するたびにプライドが傷つき、元気を失います。

お年寄りの気持ち

「トイレがどこかわからない。知らないうちにおしっこが出ていた。どうしよう。恥ずかしい」

原因

トイレがどこかわからなくなり部屋の隅でしたり、衣服の着脱がわからなくなりおもらしをします。尿意や便意が感じにくくなっているのも原因の1つです。

対処法

失敗しても叱らないのが、第一です。叱られた記憶だけ残り、関係が悪くなります。また、失敗した記憶が残ると、今度は汚れた下着を隠すようになります。

失敗を防ぐには、まずお年寄りの部屋をトイレの近くにすることです。すぐに駆け込めるし、トイレが探せない失敗を防げます。

食事のあとや就寝前など、毎日決まった時間にトイレに誘導すると、確実に失敗が減ります。

紙パンツを使用したり、トイレの床にシーツを敷くなど失敗を前提に用意しておくのも1つの方法です。介助のしかたによって、失敗は減らせるので、ホームヘルパーなどのプロの技を盗むことをおすすめします。

もう限界!!

大便をなすりつける

便意を感じると、お尻をもぞもぞさせます。トイレで大便を指でほじくり出し、指についた大便を壁になすりつけます。ポータブルトイレの便をすくい取り、食器棚に隠したこともあります。

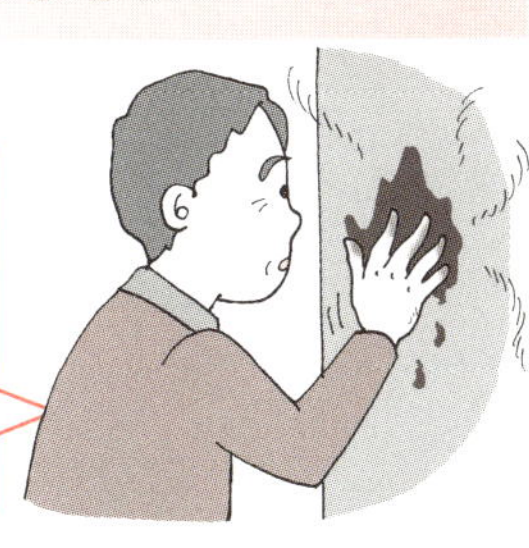

お年寄りの気持ち

「手にウンコがついた。拭いてキレイになったのに、どうしてみんな怒るのかわからない」

原因

認知症が進むとにおいなどがわからなくなり、便が不潔なものだという認識が薄くなります。まわりを汚すのは自分の手についた便を壁などにこすりつけて取ろうとするからです。

対処法

便をいじる周期を見つけることです。本人にできにくくなっている排泄のコントロールを介護者が行います。便をいじりそうになったら排便の介助をします。

便をいじる「弄便（ろうべん）」は便秘が原因のことが多いので、浣腸やお腹のマッサージによって便が出やすいようにします。

また脱水やかゆみの身体的な原因や、不眠や家族への不満などが原因で便をいじりだすこともあるので、そわそわしだしたら、その原因を突き止めることが大事です。

本人は何とかしようと思っていることが多く、1人で便を始末しようとして思わぬところに隠すケースもあります。

もう限界!!

目を離すといなくなる

目を離すと外に出て帰りません。先日は 20 キロも離れた町で保護されました。本人はケロリとしていますが、事故が心配です。現在の家を住まいと思っていないらしく「家に帰る」が口ぐせです。

お年寄りの気持ち

「この家はだれの家だろう。早く自分の家に帰りたい。家族が心配しているから」

原因

徘徊は周辺症状の代表といわれる症状です。あてもなく歩くのではなく、目的があって歩き回ります。多くは自分の家が認識できず、「家に帰りたい」という願望から家探しの旅に出ます。

対処法

徘徊は比較的、身体機能の低下が少ない元気なお年寄りに多いようです。体力のあるお年寄りなので、外に出て事故に遭うのが心配です。夜中に出ることもあるので、玄関にセンサーやベルなどを設置する方法が有効です。

市区町村の高齢者福祉サービスの「徘徊高齢者緊急ネットワーク」などに登録しておけば、行方不明になったとき、スピーディーに役所や警察の協力を得られます。

一般的には夕方に落ち着かなくなる要介護者が多いようですが、安定している時間、落ち着かない時間を把握しておき、落ち着かなくなったら徘徊を警戒しましょう。

もう限界!!

店のものを盗んでくる

ふらりと外に出ると、店の商品を持ってきてしまうことがあります。すぐにどこの店か探して対処しますが、店に迷惑をかけるので気が引けます。家に閉じ込めておくこともできないので困っています。

お年寄りの気持ち

「店から商品を盗ってきたと言われたが、そんなことは絶対ない。私が盗みなどをするはずがない」

原因

認知症により、他人のものと自分のものの区別がつかなくなっていて、いくら叱っても、自覚がないので謝罪することはありません。

前頭葉から側頭葉にかけて脳が萎縮する「前頭側頭型認知症（ピック病）」は、万引きなど非社会的な行為を引き起こす原因になることがあります。

そのほかの病気が原因の認知症の場合も、症状が進むと自分と他人のものが区別できなくなります。自分が悪いことをしたという自覚がないので、いくら責めても反省することはありません。むしろ、何を言っているのか理解できないまま、責めた相手への不信感だけを募らせます。

対処法

非社会的行為に家族はあわてることが多いですが、病気が原因であることを思い返し、問い詰めることはせず、家族が説明・謝罪しに行き、今後の対応について話し合いましょう。

もう限界!!

なんでも拾ってくる

近所を徘徊しては、ゴミ収集場などから何でも拾ってきます。部屋に隠しておくこともあり、不潔です。押入れから大量の落ち葉が出てきたこともあります。

不燃ゴミ

お年寄りの気持ち

「落ち葉がこんなにたくさん道路に並んでいてきれいね。集めてとっておきましょう」

原因

認知機能の低下により、判断力が衰えます。他人にとっては価値のないものでも、自分にとっては大切なものに思えて拾ってきます。

対処法

家に置いておいても、さして支障がない場合は、本人の好きなように任せる方法もあります。

不潔なもので生活に不都合な場合は、就寝中など、本人に気づかれないうちに処分します。万一、処分されたことに気づいたら、さらりと謝罪します。また、危険物などで、すぐに取り上げる必要がある場合は、「少し貸してもらえませんか?」「ちょっと見せてください」などと頼んで受け取る方法もあります。

周囲の人にとっては価値のないものでも本人にとってはかけがいのない宝物であることが多いのです。無理に取り上げようとすると、興奮して症状を重くすることがあります。

第5章

忘れてはならない介護者自身のケア

介護者のケア

まずは病気を受け入れる

大事な3つ

①認知症を「病気である」と受け入れることが大切
②本人に強く言っても、症状の改善にはつながらない
③困った言動は、すべて「病気の症状」と受け止める

認知症は、介護する家族にとっても辛い病気です。ではなぜ、認知症は、ほかの病気にくらべて介護の負担が大きくなりがちなのでしょうか。症状の現れ方などによっても異なりますが、主な理由としては、次ページのようなことがあげられます。

認知症は、脳に何らかの異常が生じるために起こるもの。元気なころの本人を知っている家族にしてみれば、「もっとしっかりしてほしい」といら立ったり、「わがままなことを言う」と腹が立ったりすることもあるでしょうが、家族を困らせるような行動も、すべて病気が原因なのです。本人の意志で改善できる問題ではありません。忘れてはならないのは、だれよりも辛く、不安な思いをしているのは本人だということ。本人と家族の負担を軽くするためには、まず、家族が認知症という病気を受け入れることが大切です。気になる症状も、「病気なのだから」と思えば、少しは冷静に受け止められるようになるでしょう。また、認知症の介護には、家族以外の助けも不可欠。必要に応じて援助を求めるためにも、「病気だ」と割り切ることが必要です。

認知症の介護は、なぜ大変?

介護者のストレスが大きい

言動のこだわりなどにイライラさせられたり、本人のためにしたことなのに不快な顔をされたりするのは、気分のよいことではなく、介護のストレスがたまる

意思の疎通が難しくなる

症状が進むとともに、コミュニケーションをとるのが難しくなる。介護の方法だけでなく、日ごろの接し方にも悩まされることが増える

「認めたくない」という思い

病気を受け入れられないせいで、つい、本人にきつく当たってしまうことがあります。また、家族以外から援助を受けることに消極的になったりする場合もある

回復への期待をもてないことが多い

認知症の場合、薬物治療などが有効なケースは多くない。だんだん症状が重くなることを覚悟して介護を続けなければならないのは、辛いこと

長期の介護を覚悟しなくてはいけない

個人差はあるが、認知症はゆっくり進行していく。長期の介護が必要となるため、家族の心理的・経済的負担が後になるほど大きくなる

周囲の理解を得にくい

認知症は、かなり症状が進むまで身体的な症状が現れません。周囲の人に介護の苦労をわかってもらえないことも、介護者のストレスになる

介護者のケア

家族で役割分担を決めて協力する

大事な3つ

①認知症の介護には、家族の協力が必要
②早い段階で、家族の役割分担を決めておく
③中心となる介護者は、日ごろから家族の援助を求めることを心がける

一般に、認知症の介護は数年以上続きます。症状が進むとコミュニケーションをとるのが難しくなり、少しのあいだでも目を離せなくなることもあるため、1人で介護を続けるのは無理。特定の人に負担が集中しないよう、初期の段階から、家庭内での介護は家族で協力し合って行うのが理想です。

ただし、家族とはいっても、暮らし方や事情はさまざま。多くの場合、同居している配偶者や、子どもの妻などに負担が集中してしまうのが現実です。でも、介護の負担を均等に分け合うことはできなくても、1人ひとりが「できることをする」のは可能です。できれば、認知症とわかったらすぐに家族で話し合い、「週に一度は訪問する」「通院の際の送迎をする」など、役割分担を具体的に決めておきましょう。「できるときに、できることをしよう」というあいまいな約束では、時間が経つうちにうやむやになってしまいがちだからです。また、中心となる介護者が、1人で抱え込まないことも大切。日ごろから、ちょっとしたことでも家族に声をかけ、サポートしてもらう習慣を作っておきましょう。

中心となる介護者以外の家族にできることの例

認知症の人を預かる

本人が自宅以外の場所で生活するのをいやがらないようなら、短期間でもよいので預かります。

外出時の付き添い

外出時は、付き添いが1人だと不自由なことも。付き添いの人数が増えるだけで負担が軽くなります。

短時間でも介護を交代する

中心となる介護者は、自由時間がもてないことも。数時間でも交代することには大きな意味があります。

事務手続きなどを行う

介護保険の手続きなどを中心となって行い、保険関連の相談にも積極的に対応します。

外出時の車での送迎

症状が進むと、電車など公共の乗り物での移動が難しくなるため、移動には車が必要になります。

介護者の話し相手になる

ストレスを抱えている介護者には、吐き出す場所が必要。定期的に訪問し、話し相手になりましょう。

介護者のケア

無理をしない介護をめざす

大事な3つ

①「完璧な介護」をめざすのはやめる
②周囲に協力してもらい、自由時間を確保する
③グチや不満は、家族や親しい人に聞いてもらう

症状にもよりますが、認知症の介護は24時間体制です。介護者は認知症の人のペースに合わせざるを得ないため、介護を続けると体にも心にも疲労がたまってきます。介護者が高齢の場合、介護疲れやストレスから体調を崩してしまうことも珍しくありません。「**共倒れ**」や「**介護うつ**」を防ぐため、日ごろから「**無理をしない介護**」を実践しましょう。

介護者が心がけたいのは、「完璧をめざさない」こと。介護を完璧にこなそうとすると、仕事量もストレスも増える一方です。「できなかったこと」や「するべきこと」を気にするのはやめ、「1日の中で、本人が喜んだり笑顔になったりしたことが1つでもあればよい」と、ゆるやかに考えてみましょう。介護者が無理をしてすべてを背負い込むのは、家族にとってもよいことではありません。この先、介護者まで倒れてしまっては、家族の負担がさらに大きくなるからです。心身の健康を守るためには、介護から解放される時間をもったり、グチをこぼしたりすることが必要。「私1人が我慢すれば」などと思わず、遠慮なく周囲に協力を求めましょう。

「無理をしない」介護のために

完璧をめざさない

1日にひとつ、本人のためになることができたら、自分をほめてあげましょう。

自由時間を確保する

家族にかわってもらったり、介護サービスを利用したりして、自分の時間を作りましょう。

疲れる前に休む

介護を続けるためにも、自分の体調管理は最優先事項。休養はしっかりとりましょう。

不満をためない

不満やグチは、我慢しないで吐き出しましょう。家族や親しい人に聞いてもらいましょう。

家族に遠慮しない

希望や要望は、はっきり伝えましょう。我慢していると、いつのまにか「それが当たり前」になります。

趣味をもつ

ストレス解消には、「自分の好きなことをする」のがいちばん。自由時間に楽しめる趣味をもちましょう。

介護者のケア

割り切ることも大切です

大事な3つ

①認知症の人を叱っても意味がない
②ときには、調子を合わせるための「小さなウソ」も必要
③病気だと割り切り、近所にも本人の状態を伝えておく

症状の進行に伴って、認知症の人との接し方に悩まされることが増えてきます。長年、いっしょに暮らした家族であっても、認知症の症状として現れる言動に対処するのは難しいもの。やさしく接したいとは思っていても、家族であるという遠慮のなさから、ついきついことばをかけてしまうこともあるでしょう。認知症の人と暮らす場合、家族の側が「意味のないことはしない」と割り切ることも必要です。叱ったり説得しようとしても、症状の改善にはつながりません。それより、「病気のせいで理解できない」ということを受け入れ、むだに叱るのをやめたほうが、お互いのためになります。同様に、妄想や幻覚も、否定せずに調子を合わせてしまったほうがよいことも。認知症の介護の場合、ときには「お互いを楽にするための小さなウソ」も許されるのです。

また、認知症と診断されたら、近所にも早めに知らせておきましょう。言いにくいかもしれませんが、周囲に迷惑や心配をかけないためにも必要なこと。話してしまうことで、介護のグチなどを聞いてもらえるようになる、などのメリットも期待できます。

介護を楽にするヒント

まじめな対応にこだわらない

幻想、幻覚、思い違いなどは、まわりが否定しても改善にはつながりません。調子を合わせてあっさり聞き流したほうがよいことも。

認知症の人を叱らない

「叱っても理解できないから叱らない」と割り切った考え方をします。

近所の人にも知らせておく

近所の人の理解や協力が必要になることもあるので、早めの段階で認知症であることを伝えておきます。

病気だから、と割り切る

家族を困らせたり、がっかりさせたりする言動は、病気のせい。「病気だからしかたがない」と割り切ったほうが、お互いのためになります。

介護者のケア

正しい介助技術を学ぶ

大事な3つ

①正しい介助は、効率アップとストレス軽減、事故の予防に役立つ
②本人に不快な思いをさせないことで、介助がスムーズに
③間違った介助が、介護者の体に負担をかけていることも

認知症の人を自宅で介護する場合、介助に関する知識や技術がない人が介護者となるケースがほとんど。初期には大きな問題を感じなくても、症状が進むとともに、食事、着替え、入浴など、さまざまな場面で介助が必要になってきます。どれもそれほど難しくないように思えますが、自己流の介助によって、認知症の人に不快な思いをさせていることも。また、入浴などの介助は正しく行わないと、介護者の体に大きな負担がかかってしまう可能性もあります。できれば、介助技術の本などに目を通し、基本的なことを学んでおきましょう。外部の介護サービスを利用しているなら、現場の介護スタッフにやり方を教えてもらうのもおすすめです。

認知症の人は、たとえば着替えの介助のしかたが不快だと感じると、その次から着替えそのものを嫌がるようになってしまうことがあります。本人が嫌がることをするのは、介護者の負担も大きく、時間もかかります。介護の効率アップとストレス軽減のためにも、認知症の人に嫌な思いをさせない「**正しい介助技術**」を知っておくことが役立ちます。

介助の基本

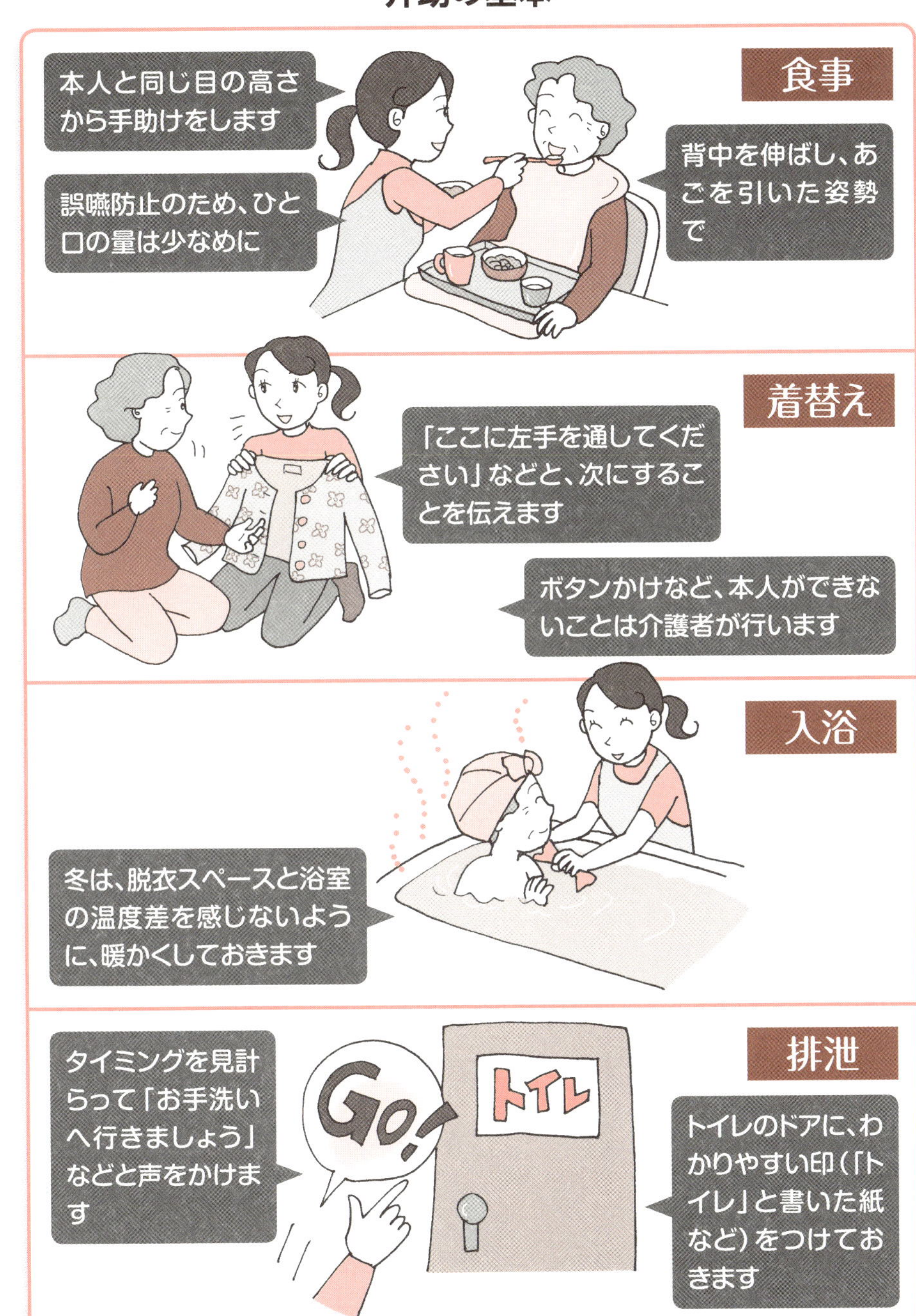

食事
本人と同じ目の高さから手助けをします
誤嚥防止のため、ひと口の量は少なめに
背中を伸ばし、あごを引いた姿勢で
着替え
「ここに左手を通してください」などと、次にすることを伝えます
ボタンかけなど、本人ができないことは介護者が行います
入浴
冬は、脱衣スペースと浴室の温度差を感じないように、暖かくしておきます
排泄
タイミングを見計らって「お手洗いへ行きましょう」などと声をかけます
GO!
トイレ
トイレのドアに、わかりやすい印（「トイレ」と書いた紙など）をつけておきます

介護者のケア

居宅介護サービスを積極的に利用する

大事な3つ

①家族だけで抱え込まず、居宅介護サービスを積極的に利用する
②本人が嫌がっても、簡単にあきらめず、いろいろと工夫してみる
③わからないことや困ったことは、ケアマネジャーに相談する

認知症の介護には、家族以外のサポートも欠かせません。積極的に利用したいのが、介護保険の対象となる公的サービス。介護保険の申請をし、要介護（要支援）と認定されれば、各種のサービスを利用できるようになります（68ページ参照）。

主な居宅介護サービスは、自宅を訪問してもらうもの、本人が通うもの、施設に短期間泊まるもの、の3種類に大きく分けられます。必要なサービスの種類は、本人の状態や生活環境などによって異なります。家族やケアマネジャーとよく相談し、利用するサービス内容や頻度を決めましょう。

通うタイプのデイサービスなどを利用する場合、本人が行きたがらないことも珍しくありません。でも、「嫌がっているから」と簡単にあきらめてしまわないことが大切。デイサービスなどへの通所は、介護者の負担を軽くするだけでなく、本人にとってもよい刺激になることが多いのです。慣れるまでは家族が同行するなど、通所を続ける工夫を。どうしても施設になじめない場合は、ケアマネジャーに相談して、別の施設を探してもらいましょう。

主な居宅介護サービス(※)

自宅を訪問してもらうもの	訪問介護(ホームヘルプ)	ホームヘルパーが自宅などを訪れ、食事や排泄などの身体介護や、調理、掃除、洗濯などの家事の援助を行う
	訪問看護	看護師が自宅などを訪れ、健康状態をチェックし、病気の悪化や再発の予防に努める。さらに衛生面のケアなどを行う
	訪問入浴介護	自宅に簡易浴槽を持ち込んで入浴の介助を行う。通常は看護職員1名と介護職員2名で行う。部分浴も依頼できる
	夜間対応型訪問介護など	夜間の巡回のほかに呼び出しにも対応する。看護サービスも加わった定期巡回・随時対応型訪問介護看護もある
	訪問リハビリテーション	自宅で自立した日常生活が継続できるように、理学療法士などの専門職が主治医との連携のもとに機能回復訓練を行う
本人が通うもの	通所介護(デイサービス)	「デイサービス」と呼ばれる施設に通い、日常生活の支援を受けながら、多くの利用者と交流し日中を過ごす
	認知症対応型通所介護	認知症の人に限定した通所介護。一般の通所介護に比べて、専門スタッフによるきめの細かいサービスが受けられる
	通所リハビリテーション(デイケア)	理学療法士などの専門職や医師が配置された施設に通い、運動器の機能向上などのリハビリテーションを行う
施設に短期間泊まるもの	短期入所生活介護・療養介護(ショートステイ)	短期間、施設に宿泊し日常生活の支援を受けながら機能訓練を行う。医療的なケアを受ける療養介護もある

※詳しい内容は74〜79ページ参照

介護者のケア

家族が介護に無関心なとき

大事な3つ

①家族の無関心は、介護者のストレスを増やす原因になる
②家族の話し合いがうまくいかないときは、第三者から話してもらう
③家族会などに入会し、悩みを相談したり情報を得る機会をもつ

家庭での介護は、家族や身近な親戚で協力しあって行うのが理想です。でも実際には、家族の十分なサポートが得られないことも少なくありません。それどころか、介護に手を貸さない身内からケアのしかたを批判されたり、いわれのない中傷をされたりする場合さえあります。介護者のストレスを増やさないためにも、身内とは十分に話し合い、認知症が病気であるということ、介護のしかた、今後の見通しなどについて共通の認識をもっておくことが大切です。介護者から話しても効果がない場合は、医師やケアマネジャーから家族に話してもらう機会をつくってみましょう。認知症の人と生活を共にする大変さは、体験してみなければわかりません。本人が嫌がらないなら、数日でもよいので認知症の人を預かってもらうのもよい方法です。

身内からの理解を得られない場合は、地域の家族会などに加入する方法も。たとえば代表的な団体である「認知症の人と家族の会」では、集まりに参加して同じ立場の人と悩みや不安を分かちあったり、電話相談にのってもらったりすることができます。

家族が無関心な場合

ありがちなトラブル

介護に協力しない

別居していることや多忙などを理由に、介護に手を貸そうとしない

介護者を中傷する

「○○さんのせいで認知症になった」など、いわれのない中傷をする

病状を理解しようとしない

「たいしたことはない」などと思いこみ、現状を伝えても受け入れない

介護のしかたを批判する

「○○さんの接し方がひどい」「介護施設に通わせるのはかわいそう」などと、介護者を批判する

対処法の例

家族で話し合う

認知症のとらえ方や介護のしかたについて、共通の認識をもてるようにする

専門家である第三者から話してもらう

日ごろから本人に接している医師やケアマネジャーから話してもらう

認知症の人を預かってもらう

認知症の人が環境の変化を受け入れられるなら、数日でもよいので介護をかわってもらう

家族の会に入会する

各都道府県に支部をおく「認知症の人と家族の会（※）」などに加入。同じ立場の人と交流する機会をもつことができる

※認知症の人と家族の会の連絡先一覧は188ページ

介護者のケア

介護に限界を感じたら

大事な3つ

①介護がつらくなったら、医師やケアマネジャーに相談する
②介護施設への入所を否定的にとらえない
③介護施設への入所は、本人の安全と健康を守るためにも必要

認知症の介護は、心身に大きなストレスを与えるもの。家族の協力や外部からのサポートがあっても、介護を続けるのが難しくなることがあります。たとえ本人を思う気持ちからであっても、介護者が我慢しすぎるのはよくありません。認知症の人との生活に限界を感じたときは、介護施設への入所も含めて、介護のしかたの変更を考える必要があります。

介護がつらくなったときは、まず、かかりつけの医師やケアマネジャーに相談してみます。本人と介護者の様子をよく知っている専門家としての立場から、今後の介護についてアドバイスをしてもらいましょう。

介護施設への入所も否定的にとらえず検討をします。「施設に入れるのはかわいそう」という思いもあるでしょうが、家庭での介護では、認知症の人の安全や健康を守ることができないことがあるのも事実です。入所後も、こまめに面会に行くなどの方法で認知症の人を支えていきましょう。施設への入所は、本人のためにも必要なこと。「介護の放棄」と、否定的にとらえ自分を責めないことです。

家庭での介護が難しくなる場合の例

介護者が体調を崩した

介護の疲労やストレスから、中心となる介護者が体調を崩した

運動機能が極端に低下した

日常生活のすべてに介助が必要になったり、寝たきりになった

認知症以外の病気にかかった

認知症に加えてほかの病気も発症し、治療が必要になった

家族環境の変化

何らかの事情で、同居の家族がいなくなったり人数が減ったりして、介護が続けられない

行動・心理症状が悪くなる

24時間の見守りが必要になる、家族では対処できない暴力をふるう、などの場合

COLUMN

「認知症カフェ」に参加してみませんか?

「認知症カフェ」とは?

今後、認知症の人の増加が懸念されるため、認知症の人に対する支援として、厚生労働省が2015年1月に「認知症施策推進総合戦略(新オレンジプラン)」を策定しました。この「新オレンジプラン」(2017年7月改定)により、全市区町村において設置が目標とされているのが「**認知症カフェ**」です。

認知症の人やその家族、医療や介護の専門職、地域の人など、だれもが気軽に参加できる「つどいの場」です。カフェによって活動の内容はさまざまですが、認知症の人やその家族同士が情報交換するだけでなく、医療や介護の専門職に相談ができ、地域の人との交流の場ともなっています。

「認知症カフェ」の7つの要素

認知症カフェは、市区町村や地域包括支援センター、社会福祉協議会、医療機関や介護事業所、NPO法人、当事者団体、さらには喫茶店など、さまざまな主体により開催されていますが、年々取り組みが広がっています。

常時開催されているカフェもありますが、毎月あるいは毎週定期的に開催されていることが多いので、開催日などは市区町村の広報やホームページで確認しましょう。なお、認知症カフェの特長を表す7つの要素を紹介すると……。

①認知症の人が、病気であることを意識せずに過ごせる
②認知症の人にとって、自分の役割がある
③認知症の人と家族が社会とつながることができる
④認知症の人と家族にとって、自分の弱みを知ってもらえ、かつそれを受入れてもらえる
⑤認知症の人と家族が一緒に参加でき、それ以外の人が参加・交流できる
⑥どんな人も自分のペースに合わせて参加できる
⑦「人」がつながることを可能にするしくみがある

第6章

「もう限界!!」と感じたら施設介護を考える

施設介護

介護施設への入所や住み替えを考える

大事な3つ

①自宅での介護に限界を感じたら、住み替え先としての施設を探す
②原則として介護付きの施設やグループホームなどを選ぶ
③介護サービスの内容や入居条件をよく確認する

認知症の人の介護を続けるのが難しくなったときは、自宅以外の受け入れ先を探す必要があります。高齢者向けの住まいにはさまざまなものがありますが、認知症の人の場合、原則として、必要な介護が受けられる施設を選びます。仮に、入居の時点ではある程度自立した生活が可能であっても、症状が進めば身のまわりのことを自分でこなすのは困難になっていくからです。入居条件に合わなくなると施設から退去を求められることもあるため、数年先のことまで考えて住み替え先を選ぶことが大切です。

一般的な受け入れ先として挙げられるのが、介護保険の「**施設サービス**」として利用できる介護老人福祉施設、老人保健施設、介護療養型医療施設。このほか、介護付き有料老人ホームや、サービス付き高齢者向け住宅なども、住み替え先の候補として考えることができます。ただし、介護保険施設以外は、入居条件などが施設によってまちまち。認知症のケアがどの程度まで可能か、将来的に退去を求められる可能性があるか、などを事前にきちんと確認しておきましょう。

認知症の人の住み替え先の例

介護保険施設

（148ページ参照）

・要介護度が一定以上の人が対象
・介護保険サービスのひとつとして入所が可能

介護老人福祉施設（特別養護老人ホーム）
介護老人保健施設
介護療養型医療施設（※）
介護医療院（2018年4月に新設）

※介護療養型医療施設は2024年3月までに廃止の予定

認知症高齢者グループホーム

（150ページ参照）

・認知症の高齢者が、スタッフとともに共同生活を送る

介護付き有料老人ホーム

（152ページ参照）

・事業者と入居希望者の契約によって入居する
・サービス内容や設備、料金などは、施設によってばらつきがある

サービス付き高齢者向け住宅

・事業者と入居希望者の契約によって入居する
・バリアフリーで、しかも生活支援を提供する新しい形の賃貸住宅

施設介護

介護保険施設の種類と内容

大事な3つ

①介護保険施設は、介護保険サービスのひとつとして入所が可能
②施設のタイプによって、入所の条件や目的が異なる
③有料老人ホームなどの民間施設にくらべ、費用の負担が軽い

介護保険施設への入所は、介護保険が適用される介護サービスの一種です。一般に、民間の施設である有料老人ホームや賃貸住宅より費用が安く、所得が低い場合は軽減措置を受けることもできます。

介護保険施設は、3種類に分けられます。1つめが、「**特別養護老人ホーム**」。介護なしで日常生活を送ることが難しい人が暮らすための施設です。入所希望者が多いため、順番待ちになるケースがほとんどですが、症状が重い人や介護する家族がいない人などは優先的に入所が認められます。2つめが、「**介護老人保健施設**」。病院での治療のあと、自宅に戻るために療養やリハビリを行います。在宅介護への復帰が目的なので、入所期間は原則3カ月程度です。

3つめが、「**介護療養型医療施設**」。治療のあと、病院での長期療養が必要な人を受け入れています。2024年3月に廃止が決まっていますが、2018年に新設された「**介護医療院**」がそれに代わる介護施設として期待されています。介護医療院は、介護老人保健施設と介護療養型医療施設の両方の機能を備えた施設として誕生しました。

介護保険施設の特徴

対象者	原則として65歳以上。要介護１以上（特別養護老人ホームは原則3以上）と認定され、各施設の特徴に合う人。希望者が多いため、実際には要介護1での入所は難しい
基本的な費用	**①介護費用** 介護保険が適用されるため、１割負担（利用者・利用者夫婦の所得によって2～3割） **②居住費　③食費** 全額自己負担。金額は施設によって異なる **④入所一時金** 不要 **⑤管理費** 不要

特別養護老人ホーム

常時介護が必要な人や、在宅で適切な介護が受けられない人が入所する。以前は複数定員のいわゆる「相部屋」が主流だったが、ユニットケアが制度化された03年からは9人程度のユニット単位でケアされながら、個室で生活する入居スタイルが増えている

要介護3～5　91.6%

介護老人保健施設

病院での治療を終え、在宅復帰に向けてリハビリなどを行う人が原則3カ月をめやすに入所する。医師と看護師が常駐し、さらに理学療法士や作業療法士などリハビリテーションのスタッフも揃った医療と福祉の両方のサービスが受けられる施設

要介護3～5　76.8%

介護療養型医療施設

病院や診療所内にあるか、隣接している。病状は安定しているが、さらに病院での療養が必要な人が対象。現在は新設が認められていないほか、2024年３月までに廃止が決まっている

要介護3～5　95.5%

介護医療院

廃止が決まっている介護療養型医療施設に代わるものとして、日常的な医療管理などの医療ニーズへの対応と療養生活への対応の両方の機能を備えた新しい施設

※「要介護度3～5」の数値は「介護サービス施設・事業所調査／平成28年9月」より

施設介護

認知症高齢者グループホームとは

大事な3つ

①認知症の人が、少人数（5人〜9人）で共同生活を送る
②症状に応じたきめ細かなケアによって、症状の緩和が期待できる
③症状が進んだりすると、退去を求められることもある

認知症高齢者グループホームは、正式名称を「**認知症対応型共同生活介護**」といい、要支援2以上と認定された認知症の人のための施設です。介護保険施設（148ページ参照）と同様、介護保険サービスのひとつとして利用することができますが、入居が認められるのは、認知症と診断された人だけ。また、地域密着型サービスであるため、利用者は、施設の所在地である市区町村の住民に限られます。

グループホームでは、介護スタッフとともに、少人数の利用者が共同生活を送ります。必要な介護を受けると同時に、家事を行うなど、それぞれの人が「できること」を生かしながら暮らすシステムになっているのが特徴です。家庭的な環境で、きめ細かなケアを受けることができるため、認知症の症状の緩和にもつながります。ただし、暴力をふるうなど、周囲に迷惑をかける行動が見られる場合は入居が認められないことも。また、症状が進んで共同生活が難しくなったり、長期入院したりすると、退去を求められる場合もあります。契約前に、退去の条件や受け入れ先などについても確認しておきましょう。

認知症高齢者グループホームの特徴

<table>
<tr><td>対象者</td><td>原則として65歳以上。施設の所在地である市区町村の住民で、要支援２以上と認定された認知症の人</td></tr>
<tr><td>基本的な費用</td><td>①介護費用
介護保険が適用されるため、１割負担（利用者・利用者夫婦の所得によって2〜3割）
②居住費　③食費
全額自己負担。金額は施設によって異なる
④入居一時金
要・不要、必要な場合の金額は施設によって異なる
⑤管理費
不要</td></tr>
<tr><td colspan="2">・１ユニット5人〜９人（3ユニットまで可）の少人数で共同生活を送る。
・それぞれの利用者が「できること」に配慮した介助・介護を受けることができる</td></tr>
</table>

施設介護

介護付き有料老人ホームとは

大事な3つ

①要介護度などにかかわらず、施設側と契約することで入居が可能
②介護保険施設にくらべて、費用が高め
③認知症のケアの内容や症状が進んだ場合について、事前に確認を

有料老人ホームは民間施設なので、要介護度にかかわらず入居が可能。サービス内容などからいくつかのタイプに分けられますが、認知症の人の住み替え先として考えられるのは、「**介護付き有料老人ホーム**」でしょう。看護・介護スタッフやケアマネジャーなどが所属しており、入居者は介護を受けながら暮らすことができます。介護サービスには介護保険が適用されますが、家賃などは介護保険施設にくらべて高めに設定されているのが普通。契約時に、高額の入居一時金が必要なところも多くなっています。

介護付き有料老人ホームには、「**一般型**」と「**外部サービス利用型**」の2種類があります。一般型では、ケアプランの作成から介護までのすべてをホームが行い、外部サービス利用型では、ホームが作成したケアプランに沿って、外部スタッフが介護を行います。

契約前に確認しておきたいのが、認知症のケアの内容。有料老人ホームは認知症専門の施設ではないため、十分なケアが受けられない可能性もあるからです。また、症状が進むと居室の移動が必要になったり、退去を求められたりする場合もあります。

介護付き有料老人ホームの特徴

対象者	入居希望者と事業者の契約によって入居が可能
基本的な費用	**①介護費用** １割負担（利用者・利用者夫婦の所得によって2〜3割） **②家賃　③食費** 全額自己負担。金額はホームによって異なるが、一般に、介護保険施設より高め **④入居一時金** 必要なところが多い。月々の居住費の一部にあてられるほか、「初期償却費（※）」も含まれる。入居一時金が不要なところは、毎月支払う家賃などが高めに設定されている **⑤管理費** 必要（家賃に含まれていることもある）。金額はホームによって異なる

一般型

ケアプランの作成：ホームに所属するケアマネジャーが行う
実際の介護：ホームのスタッフが行う

外部サービス利用型

ケアプランの作成：ホームに所属するケアマネジャーが行う
実際の介護：ホームから委託された外部事業者のスタッフが行う

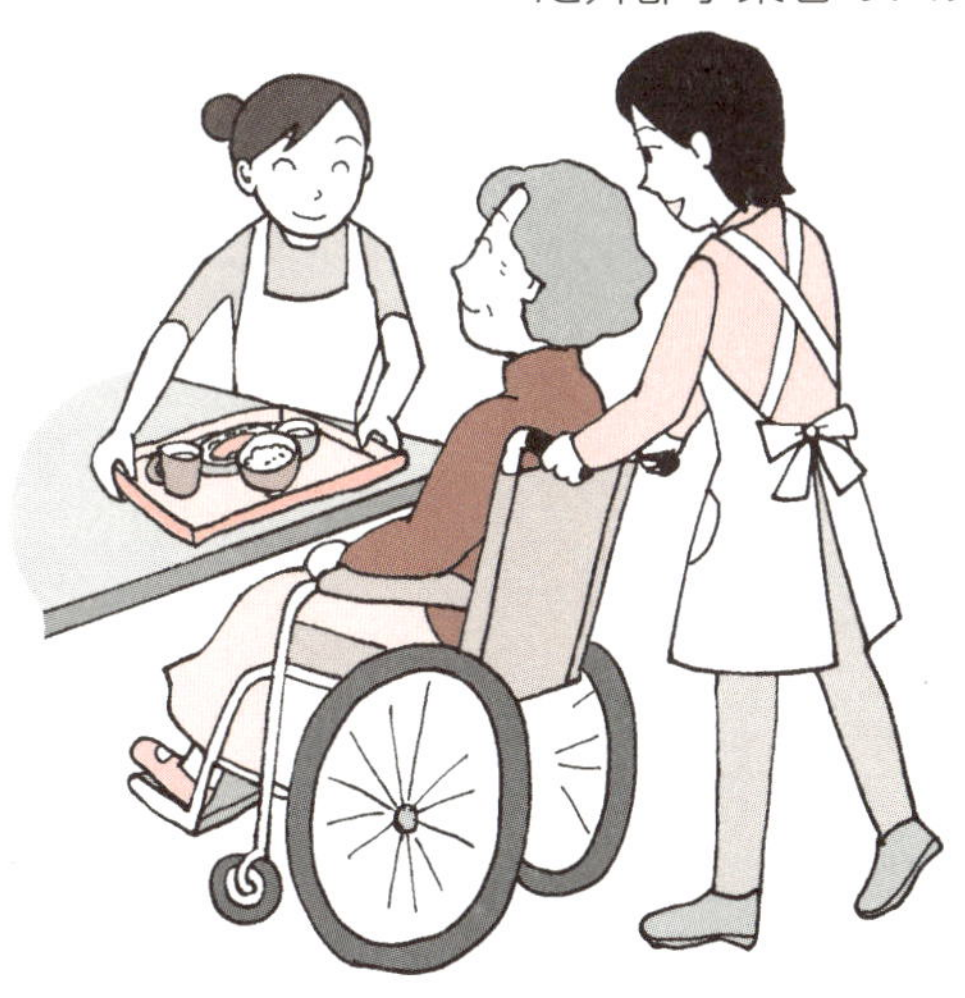

※初期償却費　入居一時金のうち、途中で退去しても返還されないお金

施設介護

施設への入所・入居の際の注意点

大事な3つ

①在宅介護が難しくなったら施設への住み替えも選択肢の1つとして考える
②施設で穏やかに生活できるように、家族は介護を職員にまかせきりにしない
③認知症の場合は環境が変わったことを意識させせないことが大事

認知症の人を施設へ入所・入居させるとき、家族は細やかな配慮が必要です。家庭から施設やホームへ、あるいは施設から施設などへの転居は、周囲の環境が大きく変わることで、認知症の人を不安にさせます。周囲に見えるものがよく理解できないことから、問題行動を起こしやすくなります。

できるだけ穏やかな生活を送ってもらうには、施設の環境にスムーズに慣れてもらうことです。まったく知らない施設に行って「今夜からお世話になりましょうね」と突き放すようなことをしたら、認知症の人でなくても大きな不安を覚え、その不安を何かにぶつけたくなります。それが暴力などの問題行動につながります。できれば、その施設やホームが短期入所や通所介護などのサービスを提供していたら、何度か利用して職員と顔なじみになってから、入所・入居するほうが安心です。また、お試しの宿泊を経験してから入所・入居する方法もあります。

入所・入居後も家族がこまめに面会に行き、生活が大きく変わったのではないことを本人に理解してもらいましょう。

施設入所・入居で心がけたいこと

①通所介護や短期入所などで慣れておく

その施設に通所介護、短期入所生活介護などのサービスがあれば利用して慣れておく

②なじみの品物を持ち込む

変化を小さくするためになじみのある道具などを持ち込む

③家族がひんぱんに訪問する

心を穏やかにするために、家族がひんぱんに面会に行く

④家族以外も訪問してもらう

友人やご近所の人などにも、面会に行ってもらうと本人は喜ぶ

施設介護

住み替え先選びのポイント

大事な3つ

①たくさんの情報や評判を集め、比較検討する
②契約前に必ず見学をし、施設のようすやサービス内容、費用などを確認する
③退去を求められるケースについては、具体的に聞いておく

介護保険施設または認知症高齢者グループホームへの入所は、介護保険が利用できる介護サービスのひとつと位置づけられています。入所を希望する場合、まずはケアマネジャーに相談を。希望を伝えて複数の候補を挙げてもらい、十分に比較検討して、本人に合いそうなところを選びましょう。有料老人ホームやサービス付き高齢者向け住宅への住み替えを希望する場合は、原則として家族が自分で情報を集めます。インターネットや市販の雑誌などを利用して希望に合うところを探し、気に入ったところがあればパンフレットなどを詳しく調べましょう。

候補がいくつかに絞り込めたら、実際に施設へ足を運び、内部を見学させてもらいます。施設全体や居室の設備のほか、食事の内容や医療ケア体制、スタッフの対応などをチェックし、疑問点については遠慮なく質問しましょう。認知症の場合、周辺症状が出てくると、それを理由に退去を求められる可能性もあります。これまでに退去を求められたのはどのような場合か、どのレベルまで可能か、具体的に聞いておくようにします。

見学の際のチェックポイント

見ておきたいこと

- □広さや間取り
- □通路の広さや手すりの有無
- □整理整頓や清掃が行き届いているか
- □浴室やトイレは清潔か
- □入浴時はプライバシーに配慮してもらえるか
- □食事の内容や盛り付け、味、食器類
- □食事の介助のしかたと食事時の雰囲気
- □スタッフの入居者への接し方
- □スタッフの身だしなみやことばづかい
- □入居者の身だしなみや表情

施設選びの際に確認したいこと

- □必要な費用の概算と内訳
- □別料金が必要なサービスの内容と費用
- □家族が自由に訪問できるか
- □認知症のケアの内容
- □退去が求められる場合の判断基準と流れ

施設介護

施設などに住み替え後の家族の役割

大事な3つ

①さびしい思いをさせないよう、こまめに面会に行く
②面会の際、設備やサービス内容もチェックする
③気になることは、早めに施設側に相談し、家族会にも参加する

認知症の人が介護施設などに住み替えたあと、家族は、これまでとは違う形で介護にかかわっていくことになります。何よりも心がけたいのは、本人の不安や孤独感をやわらげること。そのためには、家族が住み替え先に足を運び、いっしょに過ごす時間をもつのがいちばんです。とくに住み替えの直後は、さびしい思いをさせないよう、身内で協力しあってこまめに訪問を。新しい環境での本人のようすを見るのはもちろん、住み替え先の設備やサービス内容などをチェックするのも、家族の大切な仕事です。

面会の際に気になったことや、本人の不満・要望などは、遠慮せずに施設側に伝えます。すべての要望が通るわけではありませんが、話し合いによって改善されることも多いもの。また、こうした相談を通して、家族が入居者の暮らしぶりを気にかけている姿勢を見せることにも意味があります。施設側にとって、入居者の家族は、入居者を支えてくれる人であると同時に、施設を評価する人でもあります。そのため、家族の存在を印象づけることが、サービスの向上につながることになります。

家族にできること

環境やサービス内容をチェックする

面会に行った際は、設備やスタッフの対応などをしっかり確認する。気になることがあったら、早めに施設側に相談を

こまめに面会に行く

身内で順番を決めるなどして、こまめに面会に行く。とくに入居直後は、さびしい思いをさせないように気を配る

スタッフとコミュニケーションをとる

スタッフと積極的にふれ合い、よい関係をつくることを心がける。同時に、入居者を気づかう家族の存在を印象づけておく

心身の状態に注意する

環境の変化によって認知症の症状が進んだり、体調をくずしたりすることも。変化に気づいたら、スタッフに伝える

トラブルに対処する

病気やけが、人間関係といった入居後の問題に対処する。契約前には重要事項説明書などに目を通し、トラブルを防ぐ努力を

不安や孤独感をやわらげる

面会に行ったら話し相手になるなどして、気分転換の手助けを。面会に行けない場合は、電話や手紙などで連絡をとりあう

COLUMN

認知症サポーターキャラバン

認知症の人や家族が安心して暮らせるまちづくりを目指し、認知症サポーターの育成を目的にスタートしたのが「認知症サポーター100万人キャラバン」です。認知症への関心の高まりから、認知症サポーターになる人は平成30年6月現在1000万人を超え、このキャンペーンはさらに広がりを見せています。

住民・職域・学校などで行われる「認知症サポーター養成講座」を受講すると「オレンジリング」が渡されます。そのオレンジリングを身につけた人が認知症サポーターです。

講習で学んだことを日常の暮らしの中で生かし、認知症の人やその家族への支援を、自分にできる範囲からスタートします。サポーターは、まちで困っている認知症の人を見かけたら、養成講座で学んだ適切な接し方を実践し危険を回避させるなどのサポートをします。

認知症サポーターの5つの心得

①認知症に対して正しく理解し、偏見をもたない。
②認知症の人や家族に対して温かい目で見守る。
③近隣の認知症の人や家族に対して、自分なりにできる簡単なことから実践する。
④地域でできることを探し、相互扶助・協力・連携、ネットワークをつくる。
⑤まちづくりを担う地域のリーダーとして活躍する。

認知症サポーター養成講座の開催

「認知症サポーター養成講座」は職場や地域で受講希望者が10人集まればキャラバンメイト(講師)が出張し講座を開いてくれます。講座は約90分で費用は無料です。

全国キャラバン・メイト連絡協議会
☎ 03-3266-0551
http://www.caravanmate.com/whats.html

第7章

認知症の方のケアプラン12事例

認知症ケアプランの作り方
～認知症ケアプランは「その人らしさ」に着目した連携シート～

「その人らしい暮らし方」を支えるアセスメント

認知症ケアプランで大切なのはアセスメントです。本人の日常的な生活動作（例：食事、排泄、入浴、移動）と暮らしの動作（例：料理、洗濯、掃除）、そして1日の生活の流れを把握し、「できないこと」だけでなく、「できていること」と「やりたいこと」に着目します。

それぞれの病気の原因や進行の段階によって症状の個別性が高く、治療もケアも異なります。本人の性格やこだわり、これまでの生活歴や職業歴が影響するのも認知症の特徴ですから、ケアプランをつくる際のキーワードは「なじみ」です。なじみのやり方・場所・人間関係など、これまでの人生で身につけた「その人らしい暮らし方」の取り戻しをめざします。まさにこれまでの人生の歩みそのものを把握することが、家族やプロのケアチームの役割なのです。

ケアプランは連携シート

ケアプランはケアマネジャー（介護支援専門員）が作成します。認知症ケアでは家族はもとより現場の訪問介護や通所介護、施設なら介護職員などが、利用者のことを「全人格的」に把握し、「その人らしい暮らし方」を尊重し、共通の課題と目標に向かってケアを提供することで、質の高いケアになります。その際の「方向性」を示し、チームケアの基本となる連携シートがケアプランなのです。ケアプランの主な構成は、第1表（本人及び家族の意向、総合的な援助方針）、第2表（解決すべき課題、長期・短期目標、サービス内容、サービス種別、期間）、第3表（週間サービス計画）、第4表（日課表〈施設のみ〉）です。ケアプランがわかりやすく納得のいく内容となっているか。しっかりと読み込み理解しておきましょう。

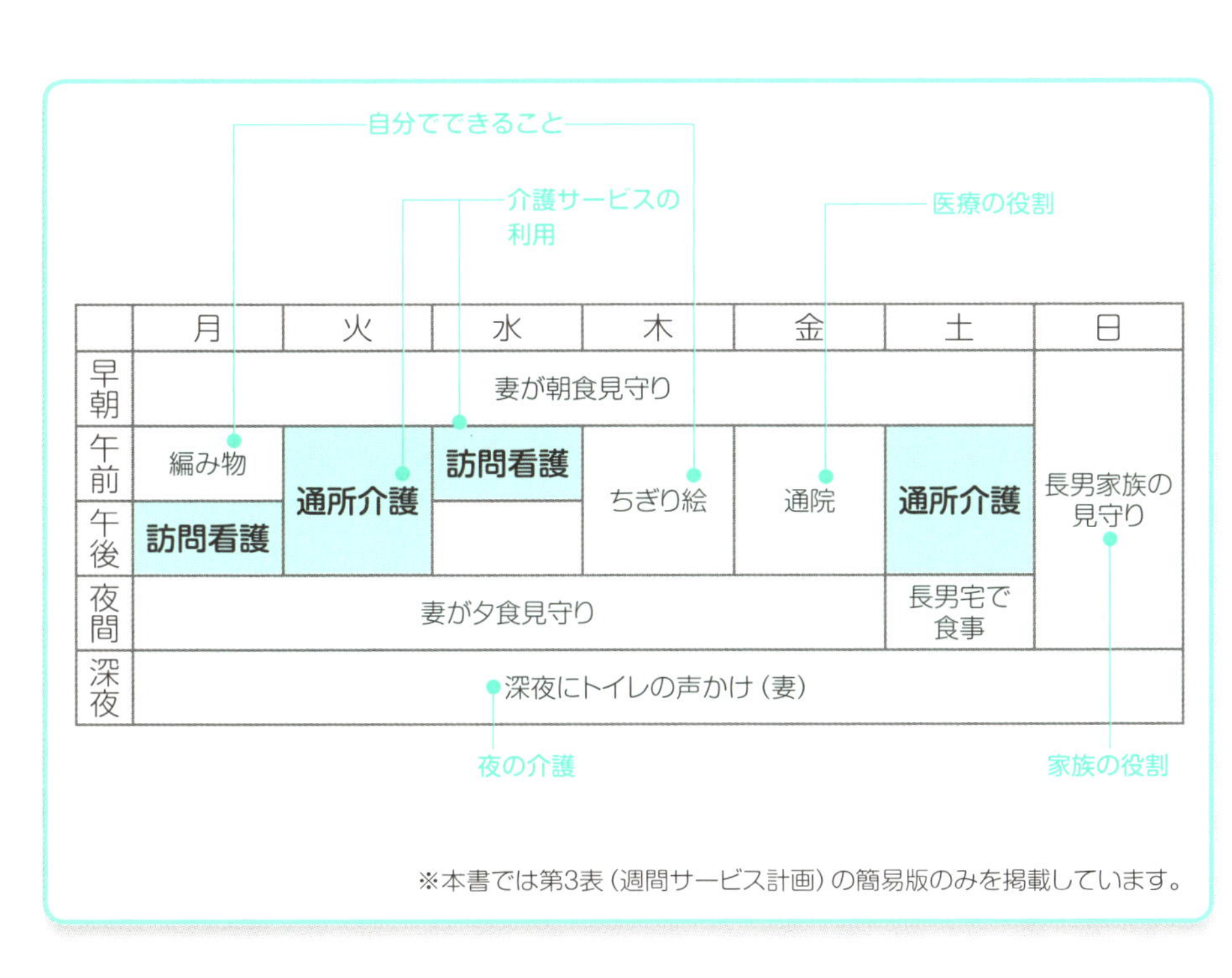

	月	火	水	木	金	土	日
早朝	妻が朝食見守り						長男家族の見守り
午前	編み物	**通所介護**	**訪問看護**	ちぎり絵	通院	**通所介護**	
午後	**訪問看護**						
夜間	妻が夕食見守り					長男宅で食事	
深夜	深夜にトイレの声かけ（妻）						

※本書では第3表（週間サービス計画）の簡易版のみを掲載しています。

事例1

同居介護

要支援2

喫茶店を経営していた思い出が甦り、「コーヒーはいかが？」とすすめる義母

喫茶店を経営していた義母

義母は22歳のときに5歳年上の義父と見合い結婚をしました。子どもを2人もうけ、当時としてはオシャレだった喫茶店を開店しました。とても繁盛したそうで、いまでもそのころのことが甦り、「珈琲いかが？」と自分でいれてくれます。

70歳のときに心不全を発症し、それ以降は外出も減り、犬の相手をするのが日課になりました。

75歳のときに「私、バカになっちゃったのかしら（笑）」ともの忘れが目立つようになりました。でも本人はたいして気にかけていませんでした。ところが、ある日、鍋を2回ほど続けて焦がしたので、もしやと思って受診させると、認知症の初期段階と診断されました。

通所リハビリテーションを週2回利用

もともと骨粗しょう症でひざを痛めていて、ふらつきがあり、トイレに行く際に転びそうで危ないので、私は見守るようにしています。ときどきシルバーカーを使って買い物に出かけますが、お願いしたものを忘れたり、お金の計算がなかなかできないとぼやいています。

2世帯住宅ですが、夜は心配なので、主人と交替で1階に寝泊まりしています。介護老人保健施設の通所リハビリテーションを週2回利用しています。

家族構成

要介護者
女性　77歳
主たる介護者
長男の妻　48歳
介護の原因
認知症（アルツハイマー型）・骨粗しょう症
介護の場所
自宅（2世帯住宅）

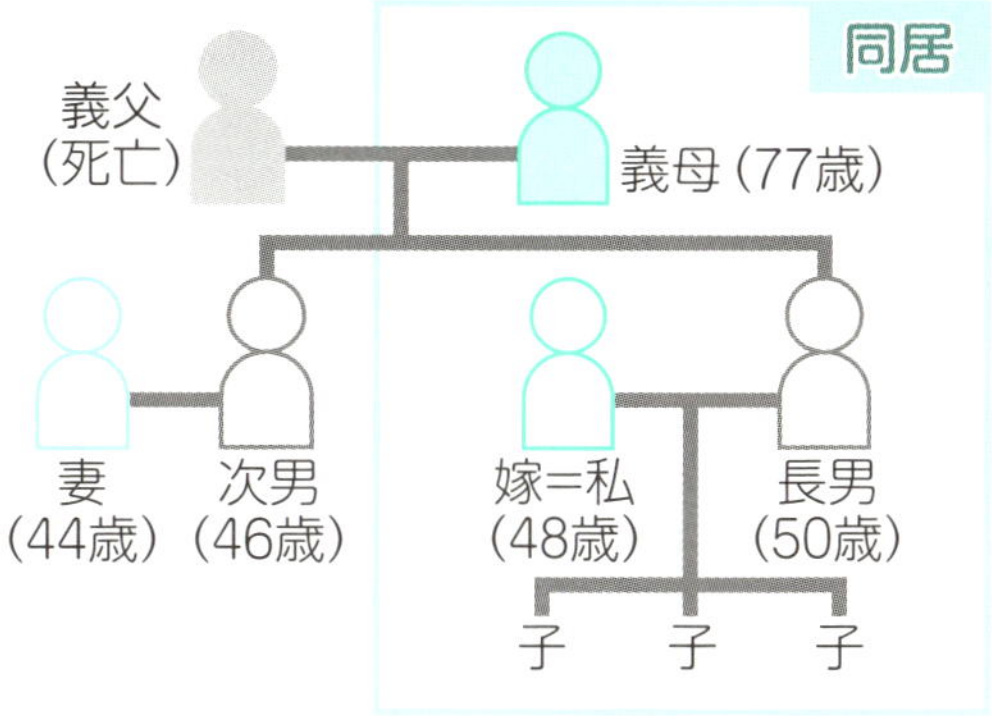

義父（死亡）
義母（77歳）
同居
妻（44歳）
次男（46歳）
嫁=私（48歳）
長男（50歳）
子　子　子

介護サービス（週間）

	月	火	水	木	金	土	日
早朝	嫁（私）が食事の準備						
午前							
午後		通所リハ			通所リハ		
夜間	嫁が食事準備	嫁が食事準備	長男が食事準備	嫁が食事準備	嫁が食事準備	長男が食事準備	嫁が食事準備
深夜	長男夫婦が交替で1階に寝泊まりしている						
自己負担（月額）　約3,600円（加算は含めず）							

ケアマネジャーからのアドバイス

トイレでずいぶんと困っておられますね。

嫁でもトイレに連れていってもらうのは恥ずかしいものです。見学がてら通所リハビリテーションに行ってプロのやり方を学ぶのもよいでしょう。

朝のコーヒーはお義母さんにいれてもらうという役割をもってもらうのもよいでしょう。

骨粗しょう症はふらついたりするので、転倒にはくれぐれも注意します。転びやすい部屋の中を片づけることも必要です。

本人が気晴らしできる趣味を見つけるのも大切です。喫茶店のお客になりきって、会話を交わすのもよいでしょう。

事例2

近距離介護

要介護1

ひとりで暮らす脳血管性認知症の父親を三女が通いで介護

ひとり暮らしの父を通いで介護

父は元郵便局長。子どもは娘3人です。78歳のときに母を胃がんで亡くしました。それからひとり暮らし。姉2人は遠方などの事情があり、同じ市内に嫁いだ三女の私が通って介護をしています。

80歳のころから夜間に電話をかけてくることが増え、会話も要領を得ないし、翌日、昨夜かけてきた電話の理由を尋ねても忘れていることがありました。

頭痛が治まらないというので、I病院を受診させると軽い脳梗塞を発症しているのがわかり、脳血管性認知症の初期症状と診断されました。介護保険を申請すると、まだ軽いので要支援の認定でした。清潔好きだったのに風呂に入るのを面倒がるので、デイサービスを週2回利用させています。洗濯や食事はまだできます。

食事制限がひとりでできるか心配

顔なじみの人ができ、将棋ができるのがいいようです。しかし、なかなか名前が覚えられないのでイライラしています。「○○の仕事はどうだ?」と私の名前を呼び間違えたり、約束の日を忘れることが増えています。「いま、俺は何か言ったか?」と真顔で尋ねられたときはさすがにあわてました。

糖尿病で塩分制限があるのに、なかなか守れないようです。ひとり暮らしをさせるのが心配です。足元もふらつき転んで頭にコブをつくることもあります。

家族構成

要介護者
男性　83歳
主たる介護者
三女　45歳
介護の原因
認知症（脳血管型）・高血圧症
介護の場所
自宅

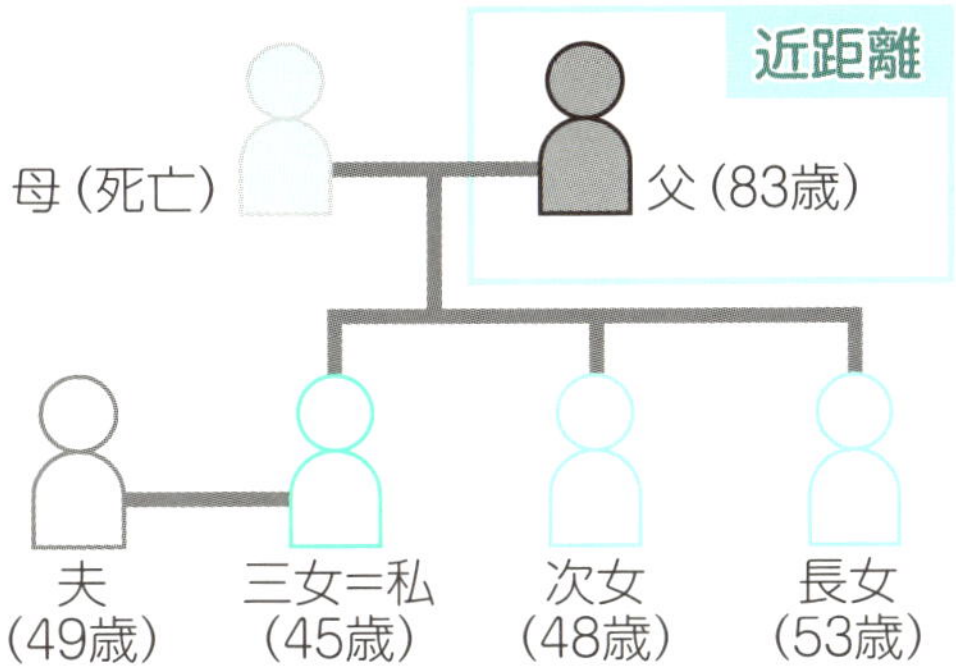

介護サービス（週間）

	月	火	水	木	金	土	日
早朝	起床　7:00						
午前		通所介護		テレビ	通所介護	テレビ	テレビ
午後		通所介護	娘	娘	通所介護		娘
夜間	テレビ						
深夜	就寝						
自己負担（月額）　約5,200円（加算は含めず）							

※通所介護は7時間以上8時間未満

ケアマネジャーからのアドバイス

認知症になると入浴が面倒になる傾向が増えます。デイサービスを週2回程度利用することで、入浴もでき日中の見守りもできます。将棋は脳トレにも効果的ですし、仲間との語らいは心の刺激です。

糖尿病なので食事の買い置きなどもチェックし、行きつけのなじみの店には事情を話しておくこともよいでしょう。

ふらつきには杖やシルバーカーが効果的です。

服薬も不定期になり何種類も飲む場合は混乱しがちです。薬局に一包化をお願いして、本人にわかりやすいように工夫しましょう。

事例3

老老介護

要介護1

運転好きだった夫が認知症により自損事故。やがて嫉妬妄想が始まる

嫉妬のことばを吐くようになった夫

夫は地元の市役所を助役として勤め上げました。69歳のとき、早朝にゴルフに出かけ、突然、脳梗塞で倒れ、すぐに市民病院に緊急搬送され手術し、しばらく入院しました。

老健で3カ月のリハビリをしたおかげで要支援1の認定まで回復しました。でもすっかり自信をなくし、閉じこもりがちで昼間から酒を飲むようになりました。1年前から認知症の症状が現れ、友だちとの待ち合わせをすっぽかすことも多くなりました。

介護をしている私は身体が弱く、ひざ関節痛が悪化してからは、夫の世話を手抜きするようになりました。そのようすを勘違いし「おまえはどうやらほかに男をつくったようだ。自分を邪魔にして家から追い出そうとしている」と妄想としか思えない嫉妬のことばを吐くようになりました。昼間から飲酒をするたびに私に当たります。

車の運転をして自損事故を起こす

お酒が残ったままで、車を運転しようとして私とケンカになり、倉庫の壁にぶつけたこともあります。近隣でたまに顔を出す長男も「免許証を返すしかないよな」と言っています。

自信過剰で思い込みが強い夫をどう納得させるか悩んでいます。認定更新で要介護1となり、介護サービスをさらに利用しようと思っています。

家族構成

要介護者
男性　72歳

主たる介護者
妻　70歳

介護の原因
認知症（脳血管型）・高血圧症・白内障

介護の場所
自宅

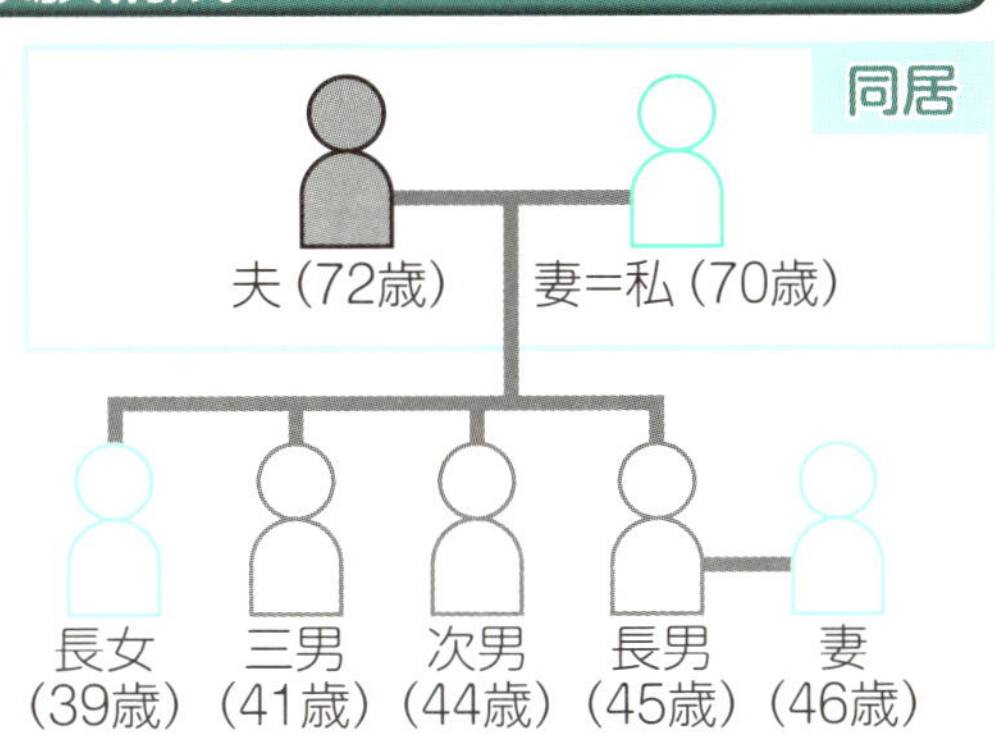

介護サービス（週間）

	月	火	水	木	金	土	日
早朝	妻の食事の見守り						
午前	妻の見守り	認知症対応型通所介護		認知症対応型通所介護	妻の見守り	認知症対応型通所介護	妻の見守り
午後							
夜間	妻による食事の見守り						
深夜	夜間の声かけ						
自己負担（月額）　約12,000円（加算は含めず）							

※認知症対応型通所介護（旧併設型）は7時間以上8時間未満

ケアマネジャーからのアドバイス

老老介護の大変なのは「介護者も高齢者」という点です。嫉妬心が露わになるのは、「認知症による妄想」で、感情がむき出しになり、強調されます。飲酒は認知症や高血圧にはマイナスです。イライラする背景にはわかってもらえない孤独、自分が変わっていくことへの不安があります。

車の運転も自分はまだできるという周囲へのサインです。白内障は早めに手術したほうがよいでしょう。認知症対応型通所介護（併設）で効果的な話しかけ方などを教えてもらうのもよいです。

また、免許証の返納も、医師に相談し説得してもらいましょう。

事例4

遠距離介護

要介護1

大分に住むひとり暮らしの母を東京から週末に通って介護

大分に住む母が認知症と診断

大分に住む母を、東京から遠距離介護しています。母は5人兄弟の長女として育ち、しっかり者の責任感が強い子どもだったそうです。実家の農業を手伝い24歳で結婚し、3人の子どもをもうけました。50歳ごろより徐々に「心臓が苦しい」と言い出し、57歳で心臓病と同時に抑うつ状態と診断されました。精神科で抗うつ剤をもらい服薬をしてきました。

1年前、近所の親せきから「お母さんがちょっと心配」と電話がありました。詳しく聞くと、何度も同じ話をする、自宅に帰れないで警察に保護されたこともあるとの話でした。あわてて実家に戻り、母と話すと「お父さんはいつ迎えにくるの?」など、何度も同じことを聞くのです。総合病院の精神科を受診するとアルツハイマー型認知症の初期症状と言われショックでした。

通所・訪問サービスを利用し、夜に安否確認の電話

兄は8歳のとき交通事故で、妹は30歳のとき乳がんで亡くしているので、私が世話をしなくてはいけません。親せきも独身の私に「戻ってきて、こちらで働いたら」と言いますが、それは無理。今は毎週土日に帰っています。

デイサービスは週3回、訪問介護は45分（生活援助中心）を週3回お願いしています。夜は近所の親せきに声かけをお願いし、夜には私が電話で安否確認を行っています。

家族構成

要介護者
女性　81歳（大分県）
主たる介護者
次男　54歳（東京在住）
介護の原因
認知症（アルツハイマー型）・心臓病
介護の場所
自宅

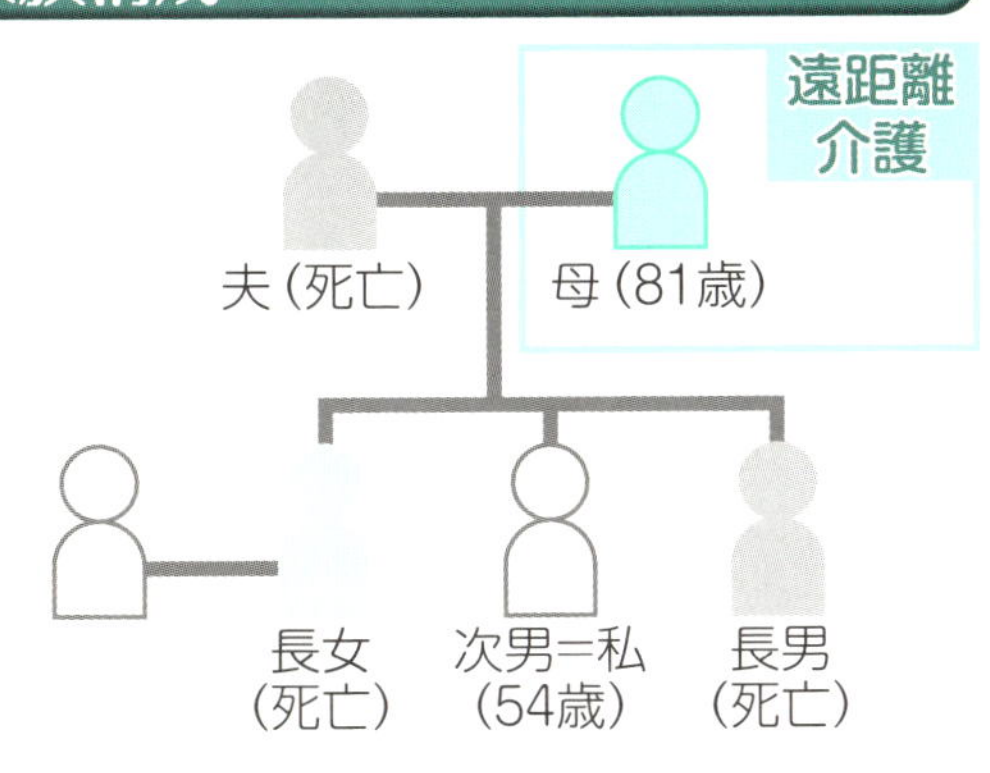

介護サービス（週間）

	月	火	水	木	金	土	日
早朝							
午前	通所介護	訪問介護	通所介護	訪問介護	通所介護	訪問介護	次男介護
午後						次男帰省	
夜間	親戚の見守りと次男の安否確認電話					次男との食事	次男帰京
深夜							
自己負担（月額）　約10,400円（加算は含めず）							

※通所介護は7時間以上8時間未満、訪問介護は生活援助中心

ケアマネジャーからのアドバイス

遠距離介護は身体と財布がとても「きつい」のが特徴です。また不在中の「万が一」にも迅速に対応できないことで介護者の精神的ストレスも高くなります。不在中にも異変があったときに近所・近隣に助けてもらえるだけの関係づくりをしておくことは大切です。アルツハイマーは症状が一気に進行します。そのタイミングを早期に発見するためにもサービス事業所との密な連携を、携帯メールなどを駆使して行いましょう。徘徊時に警察に保護された際に、服の背の部分に「氏名（旧姓含む）・連絡先」などを縫いつけおくことはとても大切です。グループホームへの入居も検討しましょう。

事例5

同居介護

要介護2

脳血管性認知症で帰宅願望や暴言がひどくなった社交的な義母

元気なころは社交的だった義母

義父が鉄道会社に勤めていましたが、義母は内職で洋裁・和裁をやり、3人の子どもを大学まで出したようです。60歳を過ぎても、頼まれれば細々と生計を立てる程度はやっていたようです。地域の洋裁・和裁のサークルの人にも教えるなど、認知症がひどくなるまでは自宅で茶話会などを頻繁に開く社交家でした。自慢は血統書付きのチワワで、元気なころは毎日散歩を楽しんでいました。

入院をきっかけにひどくなった認知症

高血圧症と糖尿病の持病があり、1年ほど前に3週間ほど入院したことがきっかけで、認知症がひどくなりました。「ひどい嫁だ！あんたなんか出ていけ」と暴言が増え、夕方には外出したがります。1日に何度も散歩をし、家に帰れず、ガソリンスタンドから連絡をもらったこともありました。大事な植木鉢を川で洗濯するようにずっと洗っているのを見て、夫が「おかしい」と思い注意しても、自分が変なことをしているとはわからないようです。

部屋に入ると便臭がし、タンスの中には便で汚れた下着が隠してあることもありました。通所介護は「みんながいじめる」と嫌がることも多く、キャンセルしたこともあります。工場でパート勤めの私はストレスがたまり、正直いって共倒れ寸前の状態です。

家族構成

要介護者
女性　78歳
主たる介護者
次男の妻　48歳
介護の原因
認知症(脳血管型)・高血圧、糖尿病
介護の場所
自宅

義父(死亡)
義母(78歳)
同居
長女(46歳)
嫁=私(48歳)
次男(52歳)
妻(54歳)
長男(55歳)
子　子　子

介護サービス(週間)

	月	火	水	木	金	土	日
早朝	朝食声がけ、犬の世話						
午前	認知症対応型通所介護		犬の世話	認知症対応型通所介護	犬の世話	認知症対応型通所介護	嫁の介護
午後			嫁の見守り		嫁の見守り		
夜間	夕食声かけ						
深夜							
自己負担(月額)　約11,800円(加算は含めず)							

※認知症対応型通所介護(旧併設型)は7時間以上8時間未満

ケアマネジャーからのアドバイス

ご本人は社交的で働き者ですので、担ってきた役割(ペットの世話)をできるだけ続け意欲づくりにつなげましょう。妄想や幻覚からくる本人の言動に慌てないことです。徘徊も行きつけの場所がわかれば、あらかじめ連絡等をお願いしておきます。叱る・怒るは逆効果です。とくに便の始末などは本人にとっても恥ずかしいことなので、対応方法はデイサービスのスタッフに相談しましょう。

認知症専門の通所介護を利用する手があります。認知症でも、子ども扱いせずに、ゆっくり、わかることばで目を見て話しましょう。そばにいていっしょに家事をするのもよいでしょう。

事例6

同居介護
要介護2

万引きでわかった認知症の父を同居の家族が介護

定年退職後パーキンソン症候群がでる

父は山形に疎開経験のあとに、一家で北海道・旭川に移り住み、進学のために、現住所である千葉へ移り住みました。国立大学へ進学したあとに大手印刷会社に就職し、私たち3人を育て上げました。67歳のころから歩き方がおかしいことに気がつきました。右側に傾くように歩き、最初の一歩の踏み出しができません。パーキンソン症候群と診断されました。それまでは趣味の囲碁の大会などにも参加し優勝するほどでした。しかし、しだいに手指に力が入らなくなり、囲碁もやめてしまいました。

スーパーで万引きして認知症が発覚

昨年末から、スーパーで万引きをしたり、失禁をしたまま歩き回ることがあり、何度注意してもくり返すので精神科を受診をすると、前頭側頭型認知症の初期の段階と診断されました。母と私たち夫婦で、同居で介護をしています。

ガスレンジの操作がうまくできず、消し忘れたこともあります。食事を作ろうとするのが心配です。妻が夜を担当し、土日は私が単身赴任先から戻ってきて介護しています。最近、「あんたはだれだ?」「ご主人様はなんの仕事をしていますか?」と私を息子と認識ができない時があり、朝は突然、ネクタイ姿で出勤をしようとします。母が「あなたはもう退職したんですよ」と説明すると怒りだしてしまい、とても困っています。

家族構成

要介護者
男性　75歳
主たる介護者
長男と妻　45歳
介護の原因
前頭側頭型認知症
介護の場所
自宅

同居

父（75歳）　母（72歳）

長女（39歳）　次男（41歳）　長男＝私（45歳）　妻（44歳）

介護サービス（週間）

	月	火	水	木	金	土	日
早朝	妻の食事介助		妻の食事介助		妻の食事介助		妻の食事介助
午前	ビデオで囲碁観戦	**認知症対応型通所介護**	**認知症対応型通所介護**	**認知症対応型通所介護**	ビデオで囲碁観戦	**認知症対応型通所介護**	ビデオで囲碁観戦
午後							
夜間	妻の食事介助					長男家族との食事	長男家族との食事
深夜	排泄声かけ	排泄声かけ	排泄声かけ	排泄声かけ	排泄声かけ	排泄声かけ	排泄声かけ
自己負担（月額）　**約15,700円**（加算は含めず）							

※認知症対応型通所介護（旧併設型）は7時間以上8時間未満

ケアマネジャーからのアドバイス

前頭側頭型認知症になるとその異様な行動や万引きなどで警察に呼び出されることもあり、しっかり者だった人の家族ほど受け入れるのに時間がかかります。食事では誤嚥（ごえん）が起こらないよういずれ見守りが必要となります。「できることは自分で全部やってくれ」のことばは強制となりやすく、本人にはとても負担です。

朝、ネクタイ姿で出勤するのは、現役時代に戻っているのでしょう。制止せずにいっしょに出かけるくらいの余裕で関わります。ビデオの囲碁観戦などもよいかもしれません。

事例7

同居介護

要介護3

父の介護が終わった半年後から認知症の症状が出始めた母

深夜に起き出して妄想を口にする母

母は3人姉妹の長女です。小学校卒業後に実家の仕事（農業）に就き、私たち3人の子どもを育ててくれました。71歳のころ、手がふるえたり足の1歩目が踏み出せないなどのパーキンソンの症状が現れ始めました。

父は69歳のときに脳梗塞で倒れ介護は母にまかせっきりでした。父が亡くなり、私との2人暮らしが始まりました。やることがなく、ぼんやりしていることが多くなり、半年後から「父さんと○○した」などの妄想が始まり、書いているメモも読めない文字になりました。

私の入浴介護を嫌がる母

80歳の冬、庭の踏み石で転倒して捻挫をしたことで、すっかり用心深くなり、横になっているばかりなので診察を受けるとアルツハイマー型認知症と診断され、3年後には私の顔さえはっきり区別がつかなくなりました。

手のふるえがひどいため、私が歩行や移乗時には介助しますが、他人と思ってひどく抵抗します。自宅で風呂に入るのも嫌がり、数日、同じ服のまま過ごすことが増えています。何度も同じことを言うので私も、きつい口調になってしまいます。散歩は車椅子です。美容院に行くとうれしそうにあいさつします。いずれ施設に入れたいと思っていますが、他県に嫁いだ姉2人は断固として反対しています。

家族構成

要介護者
女性　82歳
主たる介護者
長男　51歳
介護の原因
認知症（アルツハイマー型）
介護の場所
自宅

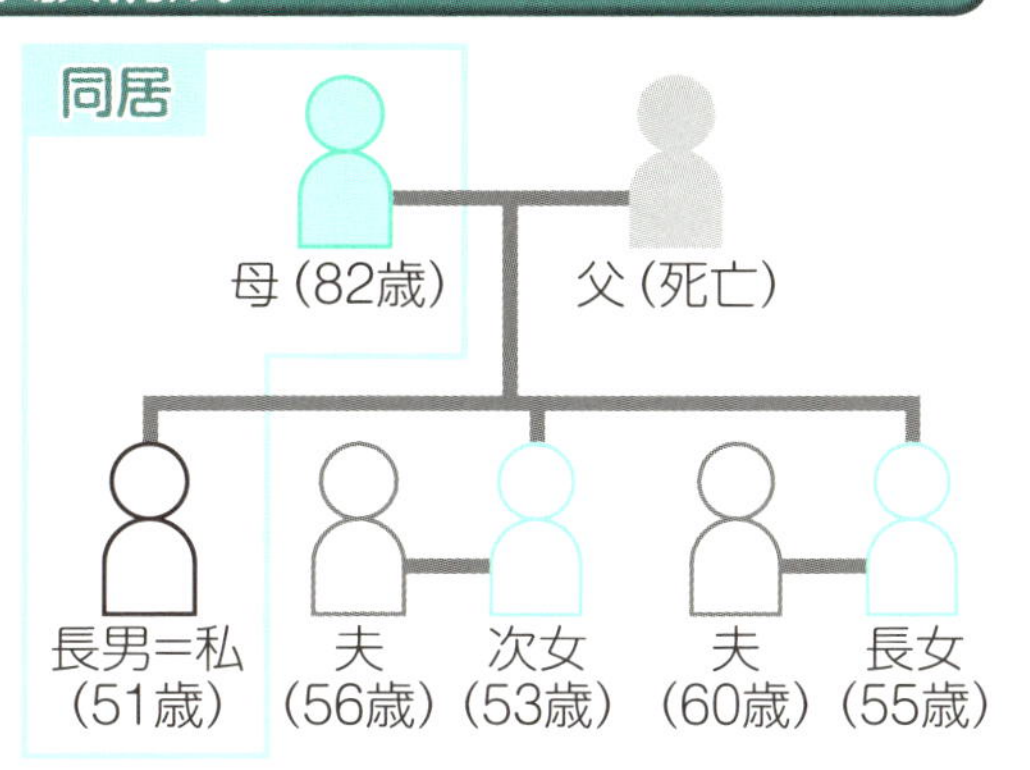

介護サービス（週間）

	月	火	水	木	金	土	日
早朝	長男の食事介助						
午前	通所介護	通所介護		通所介護	訪問看護	通所介護	長男
午後			訪問介護		訪問介護		
夜間	長男の食事介助						
深夜	深夜にトイレで起こされ、眠れないことが多い						
自己負担（月額）	約20,500円（加算は含めず）						

ケアマネジャーからのアドバイス

アルツハイマーは進行が早いのが特徴ですから、本を読んで予備知識を準備しておきましょう。入浴や移動の介助を抵抗されるのは、息子でなく、中年の見知らぬ男性としか思えないのです。やさしい声かけをしましょう。

同じ服で過ごすのは着替えの動作がわからない、パーキンソン症状で手の複雑な動きができないなどの理由が考えられます。なじみの場所が美容院のようなので、どのような髪型や話題が好きだったかを尋ねておくと、会話をする時のヒントになるでしょう。介護疲れの予防のため月に１回程度（３～４日間）、短期入所を利用するのもひとつの方法です。

事例8

グループホーム

要介護3

認知症高齢者グループホームで趣味の編み物を楽しむ毎日

老人保健施設からグループホームへ

10年前に父が73歳で亡くなり、母はその後ひとり暮らしをしていました。3年前から、お店で同じ支払いを何度もしたり、1週間分の食料を2~3日で食べてしまうことが始まり、「女の子がいる」と幻覚も出るようになりました。一度、私の家に引き取ったのですが家になじめず、1カ月でH病院精神科に入院しました。

その後、レビー小体型認知症と診断され、落ち着いたので自宅に戻ったところ、居間で転倒し、右大腿骨頸部骨折。大腿骨置換手術のあと入退院を3回くり返し、その後M老人保健施設に6カ月入所し、Tグループホーム（1ユニット：9人）に入居しました。

趣味の編み物で落ち着きを取り戻す

入居時はとくに混乱もありませんでしたが、睡眠にばらつきがあるようです。トイレ動作は可能ですが、夜間に便器の水で洗顔しようとしたりするようです。料理も見守りがあればできます。歯磨きや化粧、着替えは見守りしてもらっていると大丈夫です。趣味は編み物で、かぎ棒と毛糸を渡せばマフラー程度は編めることを介護職員が発見してくれました。

ただ幻覚が強いと若い介護職員の方も困り、帰宅願望もあります。私の顔もあまりわからないようで、今のうちに外泊をさせて、父の墓参りぐらい行かせてやりたいと思っています。

家族構成

要介護者
女性　86歳

主たる介護者
グループホーム職員

介護の原因
認知症（レビー小体型）・腎臓病、ひざ関節症

介護の場所
グループホーム

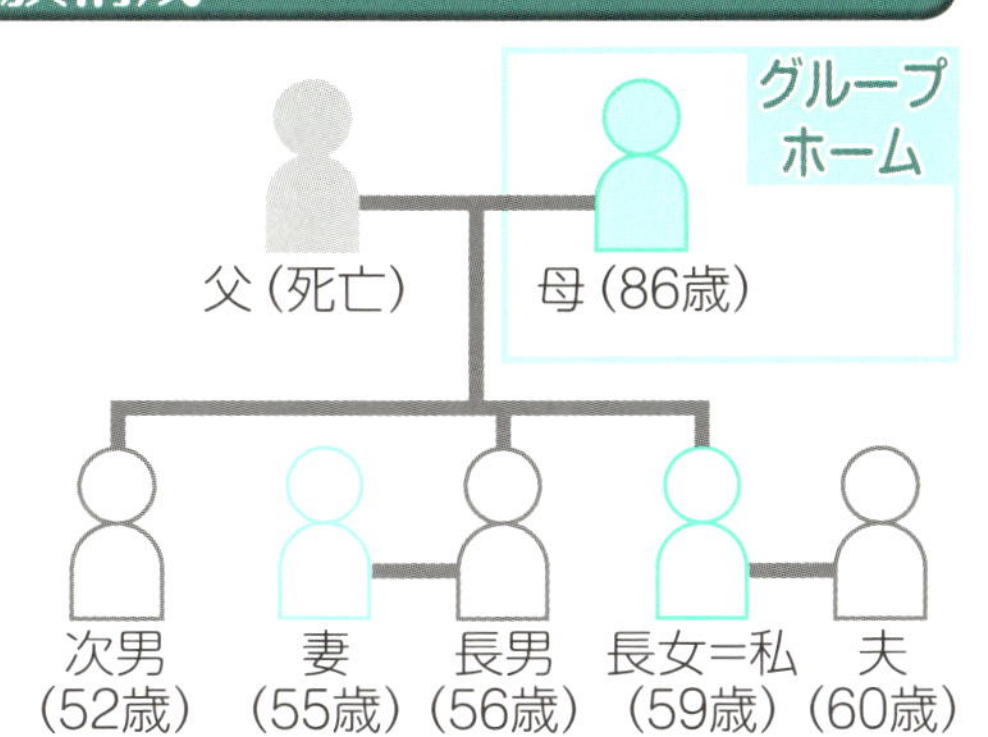

介護サービス（週間）

	月	火	水	木	金	土	日
早朝	朝食 お念仏	朝食 お念仏	朝食 お念仏	朝食 お念仏	朝食 お念仏	朝食 お念仏	朝食 お念仏
午前	昼食作り	編み物 昼食	昼食作り	編み物 昼食	昼食作り	カラオケ 昼食	散歩 昼食
午後		野菜作り	通院		ちぎり絵	長女家族 面会	野菜作り
夜間	入浴 夕食	入浴 夕食	入浴 夕食	入浴 夕食	入浴 夕食	入浴 夕食	入浴 夕食
深夜	夜間の見守り						
自己負担（月額）	**約24,500円＋居住費（10〜15万円）**						

ケアマネジャーからのアドバイス

グループホームで「できること」をいっしょに探すケアができているのがよいです。編み物は手先を使うので認知症の進行を遅らせる効果があり、完成した編み物をお孫さんに贈ることで喜ばれる効果も期待できます。朝の念仏など生活習慣がしっかりとできています。レビー小体型認知症は人格が変わるような行動もとりがちですし、幻覚はとてもリアルです。どの時間帯に症状が出やすいか、便秘や脱水のときはどうかなどを生活リズムで把握して、どうすれば落ち着くかを聞いておくと、自宅に外泊した際にもとても参考になります。どのレベルまで居住が可能かも確認しておきましょう。

事例9

介護付き有料老人ホーム

要介護3

ひとり暮らしが不安になって、介護付き有料老人ホームに入居

多趣味の母が脳血管性の認知症に

母は20歳のときに医師だった父と見合い結婚しました。私たち3人の息子を生みますが、もともと教養がある母なので、自宅で子ども向けの書道教室を開いたりする以外に、日本画・俳句・漢詩・貼り絵など多趣味でした。

地域の美化ボランティアも10年間勤めました。父は73歳のときに肺がんで他界し、しばらくはさみしくしていましたが、1年後には吹っ切れたように海外旅行を楽しむようになりました。

しかし、3年前から無気力になり、趣味もおっくうになりやめました。精神科に通院し薬物療法で改善しましたが、昨年、ろれつが回らなくなり、会話も要領を得ず、ぼんやりしていることが多くなりました。精神科に再受診、脳血管性の認知症と診断されました。

インターネットで見つけた介護付き有料老人ホーム

広い家でのひとり暮らしに不安になると電話をかけてきます。手元に10万円の現金がないと落ち着かず、見栄っ張りなので訪問販売で気前よく買ってしまい、いいカモにされていました。お金がなくなると、私を泥棒扱いします。

同居も無理なのでインターネットで施設を探し、私の家から車で40分の隣県にある有料老人ホームに体験入居を経て入居を決めました。多趣味な母に合ったサービスがたくさんあるようで、楽しそうに「第九」を歌っています。

家族構成

要介護者
女性　76歳
主たる介護者
有料老人ホーム職員
介護の原因
軽度認知症（脳血管型）・骨粗しょう症
介護の場所
有料老人ホーム

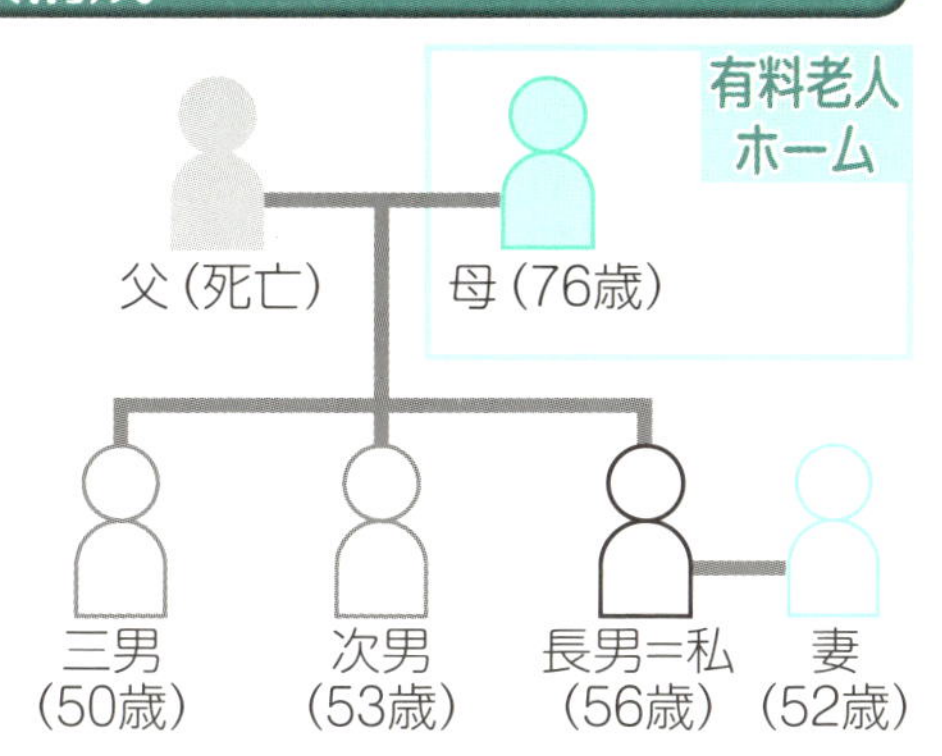

介護サービス（週間）

	月	火	水	木	金	土	日
早朝	モーニングケア 朝食	モーニングケア 朝食	モーニングケア 朝食	モーニングケア 朝食	モーニングケア 朝食	モーニングケア 朝食	モーニングケア 朝食
午前	昼食	写経 昼食	昼食	生け花 昼食	昼食	日本画 昼食	お散歩 昼食
午後	通院	リハビリ	合唱	通院	ちぎり絵	お散歩	長女家族
夜間	夕食 入浴	夕食 入浴	夕食 入浴	夕食 入浴	夕食 入浴	夕食 入浴	夕食 入浴
深夜	ナイトケア	ナイトケア	ナイトケア	ナイトケア	ナイトケア	ナイトケア	ナイトケア

自己負担（月額）　**約20,000円+月額入居料（15～30万円）**

ケアマネジャーからのアドバイス

認知症でも、趣味や人間関係で脳に刺激を与えることは効果的です。新しい趣味より、昔なじんだ記憶をよびさます趣味(生け花、ちぎり絵など)が行えているのがよいです。認知症が進むとできないことも増え、またふらつきや転倒の危険が増します。施設の職員にも、家族として気がかりなことはしっかりと伝えておくとよいでしょう。帰宅願望や徘徊などの症状がひどくなった場合にどのようなケアをしてもらえるのか、どのレベルまで入居が可能か、事前に確認をしておくことが重要です。

また外泊をする際に、どのような注意をしたらよいかも具体的にアドバイスしてもらいましょう。

事例10

特別養護老人ホーム
要介護4

特養に入所する父親を3人の子が交替で面会に行き介護

認知症に加えて身体機能の低下もあり、特養施設に入所

父は山陰地方の出身の10人兄弟の末っ子で、理容師になるため上京しました。そこで母と出会い、結婚。35歳で独立し、理容院を営んできました。子どもは3人。母を60歳の時にがんで亡くし、それからひとり暮らしとなり、父は立ち仕事で腰を痛め、腰部脊柱管狭窄症となりました。

5年前、脳梗塞で倒れて要介護3となりました。介護保険のお世話でやってきましたが、3年前から認知症の症状がひどく、ボヤ騒ぎもあり、通い介護では近隣に迷惑をかけっぱなしで、ようやく特養施設に入れてもらいました。

面会のとき、どのように接していいかわからない

ショートステイで慣れていたせいか、混乱はありませんでした。施設は認知症ケアには熱心で、オムツでなく自分でトイレができるようにがんばってくれ、なんとか自分でやれています。人間関係が苦手で車椅子でぼんやりしていることも多く、働き者だった父なので、手持ち無沙汰にしているのがかわいそうです。レクリエーションでカラオケをやるのが気に入っているようです。食事は好き嫌いがはっきりしていて、何度も「食事はまだですか?」と催促するようです。

月2回程度は姉たちと交替で面会に行こうと思っていますが、どのように接したらよいか、正直わからないですね。

家族構成

要介護者
男性　85歳
主たる介護者
特養職員
介護の原因
認知症（脳血管型）・腰部脊柱管狭窄症
介護の場所
特別養護老人ホーム

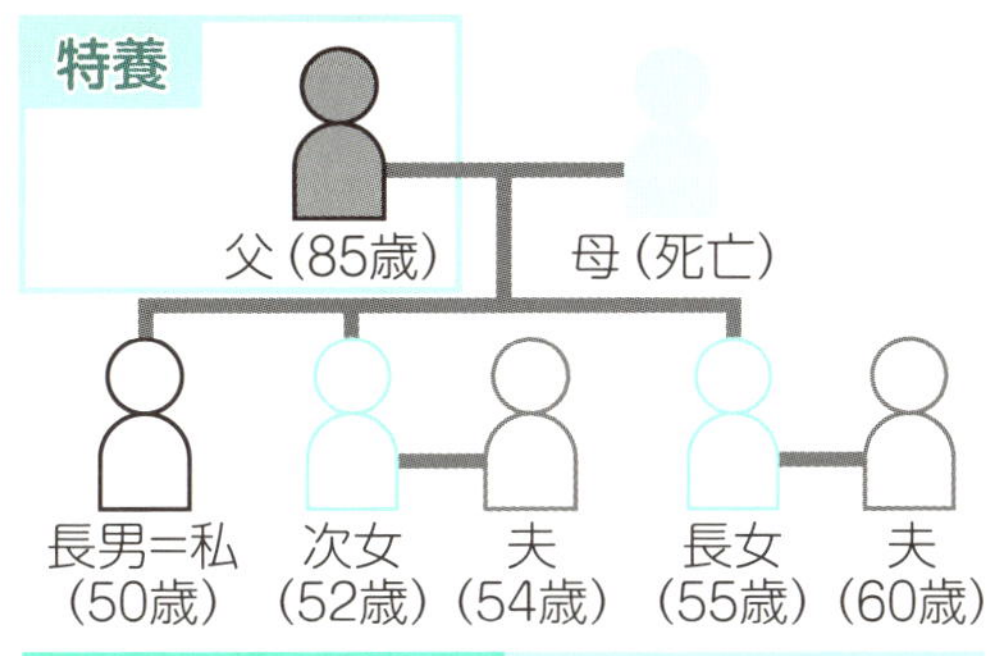

主たる家族介護者	長男　50歳

介護サービス（週間）

	月	火	水	木	金	土	日
朝	モーニングケア 朝食	モーニングケア 朝食	モーニングケア 朝食	モーニングケア 朝食	モーニングケア 朝食	モーニングケア 朝食	モーニングケア 朝食
午前	昼食	昼食	昼食	昼食	昼食	昼食	昼食
午後	リハビリ	入浴	レクリエーション	カラオケ	入浴	テレビ	子ども面会（隔週）
夜間	夕食	夕食	夕食	夕食	夕食	夕食	夕食
深夜	排泄介助	排泄介助	排泄介助	排泄介助	排泄介助	排泄介助	排泄介助
自己負担（月額）　約22,900円＋食費（3～4万円）＋居住費（1～6万円）＋日常生活費等							

※従来型多床室を利用

ケアマネジャーからのアドバイス

この施設では自力排泄をめざしているので、かなりていねいなケアがなされているようです。

理容院時代のアルバムなどを持参していっしょに見ながら話をするのもよいですね。

食事に好き嫌いがあるようですが、本人の好物などを施設に伝えましょう。山陰地方の出身なので、その土地の田舎料理のレシピを伝えると介護職員には食事メニューのヒントになるかもしれません。

どのように接するかと思うと緊張がお父さんに伝わります。いっしょに食事をする、散歩をする、花を眺めるなどして、日常会話から寄り添う心がけをしましょう。

事例11

介護付き有料ホーム

要介護4

アルツハイマー型認知症で徘徊を起こす父を介護付き有料老人ホームへ

病院での診断は「アルツハイマー型認知症」

父は55歳のときに交通事故で母を亡くし、それ以来、ひとり暮らしでした。定年後に市内の合唱団に参加し、カラオケ店にもよく通っていました。もともと高血圧で、5年前から頭痛・手足のしびれ感が出始めました。

3年前から、ガスの消し忘れが多くなり、パジャマ姿で道路を歩いたり、風呂に入らないことも頻繁になり、惣菜の万引き騒ぎを起こして警察に厄介になることも数回でした。病院の診断はアルツハイマー型認知症でした。兄が海外にいるので、近くに住む次男の私が引き取ることになりました。

介護付き有料老人ホームでの生活が心配

それからが大変です。「会社に行ってくる」と外出しようとしたり、失禁や徘徊も多くなり、「もう自宅での介護は限界!」と妻が音をあげたので、車で30分の介護付き有料老人ホームに入居させることにしました。入居一時金が100万円だったので即決でした。

入居して1カ月後に面会に行くと、とてもうれしそうな笑顔でした。「カラオケが好き」と伝えてあったので、音楽療法をしているそうです。半年後、ベッドから転落し、大腿部を骨折し、車椅子生活の要介護4になってしまいました。目がうつろで手の甲にひっかき傷があり、とても心配です。

家族構成

要介護者
男性　75歳
主たる介護者
有料老人ホーム介護職員
介護の原因
認知症（アルツハイマー型）・高血圧・糖尿病
介護の場所
有料老人ホーム

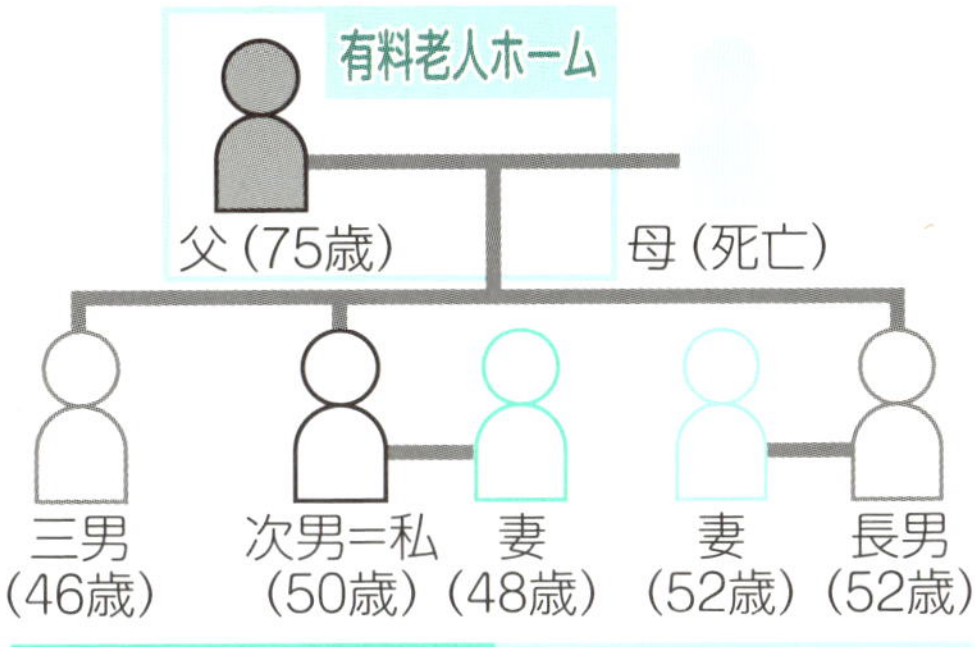

主たる家族介護者	**次男夫婦**

介護サービス（週間）

	月	火	水	木	金	土	日
早朝	モーニングケア 朝食	モーニングケア 朝食	モーニングケア 朝食	モーニングケア 朝食	モーニングケア 朝食	モーニングケア 朝食	モーニングケア 朝食
午前	テレビ 昼食	昼食	テレビ 昼食	昼食	テレビ 昼食	昼食	テレビ 昼食
午後	通院	ぬり絵	音楽療法		カラオケ		次男家族
夜間	夕食 入浴	夕食	夕食 入浴	夕食	夕食 入浴	夕食	夕食 入浴
深夜	排泄介助	排泄介助	排泄介助	排泄介助	排泄介助	排泄介助	排泄介助
自己負担（月額）　**約22,000円＋月額入居料（15～30万円）**							

ケアマネジャーからのアドバイス

アルツハイマー型認知症は人柄が変わったような身勝手な行為や態度をするため、介護者には「問題行動」と映ります。本人にとって不安は大きく、施設入所などで環境が変わると興奮状態になることもあります。

尿意がわからないためや、面倒臭さからベッドで失禁をすることもあります。

手の甲の傷も自傷行為か、施設側に説明を求め、医療的処置を含め改善の方針を確認するようにします。本人にとって好ましい生活パターンを見い出し、問題行動を予防するケアのレベルが求められます。

事例12

特別養護老人ホーム

要介護5

短期入所でなじみのある特養への入所で混乱を避ける

夫を亡くしたあと意欲がなくなり認知症を発症

母は5人の子どもを育て上げたがまん強い女です。若いころから働き者で、農繁期になると早朝から深夜まで働いていました。兄たちは早くから都会に出て、四男夫婦の私たちと孫3人と7人暮らしでした。78歳で父が脳梗塞で倒れ、2年間介護をしました。父が亡くなって1年後くらいから妙なことを言うようになり、近所や山の中の徘徊が始まりました。人が変わったように意欲がなくなり、ことばが出ずにイライラしたときは急に人を怒鳴ることもあり、脳血管型認知症と診断されました。

奇声などにより在宅が困難になり特養へ入所

要介護2の認定を受けました。私たち夫婦も昼間は勤務しているため、母を日中1人にできず、デイサービスやショートステイを利用してきました。しかし夜間に起きだしたり、もらした便で、汚れた下着を押入れに隠すような行動が続いて、とても在宅では無理と判断し入所させてもらいました。

もともとショートステイが特養の併設だったので、なじみの職員が多く、入所後も混乱なく過ごせています。一日に数回、帰宅欲求があるときは、その度に声かけしてもらっているようです。トイレの誘導も頻繁で失禁もなくなりました。「母と温泉に行きたい」という子どもたちの希望を目標に、歩行訓練をがんばっているようです。

家族構成

要介護者
女性　86歳

主たる介護者
特養の介護職員

介護の原因
認知症（脳血管型）・骨粗しょう症・円背

介護の場所
特別養護老人ホーム

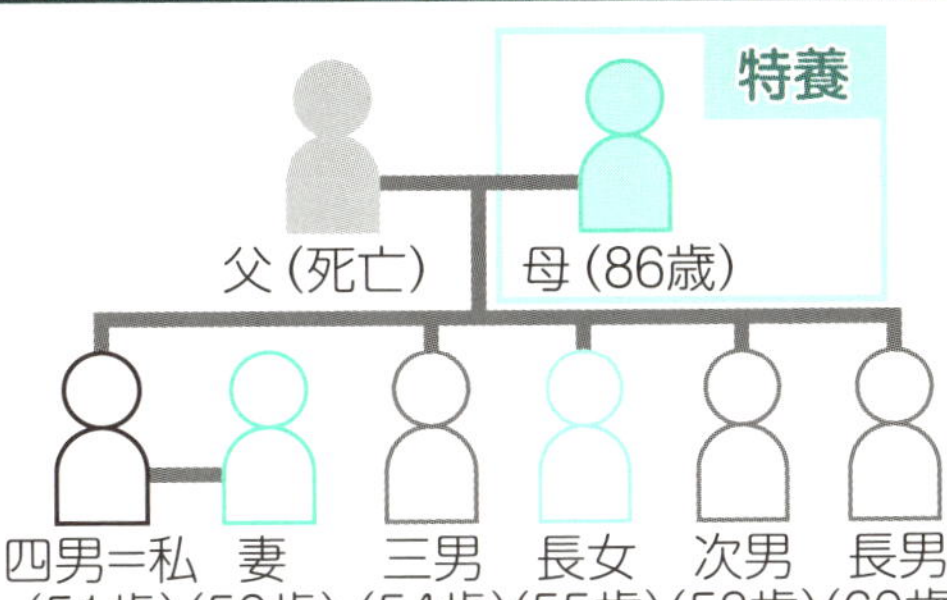

主たる家族介護者	**四男夫婦**

介護サービス（週間）

	月	火	水	木	金	土	日
早朝	朝食	朝食	朝食	朝食	朝食	朝食	朝食
午前	口腔ケア 昼食	口腔ケア 昼食	口腔ケア 昼食	口腔ケア 昼食	口腔ケア 昼食	口腔ケア 昼食	口腔ケア 昼食
午後	入浴	歩行訓練	入浴	歩行訓練	入浴	俳句会	四男夫婦 （隔週面会）
夜間	夕食	夕食	夕食	夕食	夕食	夕食	夕食
深夜	排泄介助	排泄介助	排泄介助	排泄介助	排泄介助	排泄介助	排泄介助
自己負担（月額）	**約27,300円＋食費（3～4万円）＋居住費（1～6万円）＋日常生活費等**						

※ユニット型個室

ケアマネジャーからのアドバイス

ショートステイの延長で入所できたのは、職員とのなじみの関係がつくれているので理想的ともいえます。

この施設では、かなりていねいなケアが提供できていますね。排泄や徘徊も24時間スケールで、本人の基本的な生活リズムを把握しているのでしょう。

この調子で失禁や不穏な行動が少なくなれば外泊も可能になるので、施設での認知症ケアのやり方や注意点などを教えてもらっておくとよいでしょう。

「家族いっしょの温泉行き」をめざした歩行訓練は具体的で、家族みんなでとりくめるすばらしい目標ですね。

認知症の人と家族の会 連絡先一覧

【本部】〒602-8222 京都市上京区晴明町811-3 岡部ビル2F TEL050-5358-6580 FAX075-205-5104 https://www.alzheimer.or.jp/		
【電話相談】0120-294-456 月～金（土日祝除く）10:00～15:00 携帯電話からは、050-5358-6578		
【支部】	北海道（札幌市）	TEL・FAX011-204-6006 月～金10:00～15:00
	青森（八戸市）	TEL0178-35-0930・FAX0178-34-0651 電話相談0178-34-5320 水・金13:00～15:00
	岩手（北上市）	TEL0197-61-5070・FAX0197-61-0808 電話相談0197-64-5112 月～金9:00～17:00
	宮城（仙台市）	TEL・FAX022-263-5091 月～金9:00～16:00
	秋田（秋田市）	TEL・FAX018-866-0391 月10:30～14:00
	山形（山形市）	TEL023-687-0387・FAX023-687-0397 月～金12:00～16:00
	福島（福島市）	TEL・FAX024-521-4664 電話相談024-522-1122 月～金10:00～16:00
	茨城（牛久市）	TEL・FAX029-828-8089 月～金13:00～16:00
	栃木（宇都宮市）	TEL028-666-5166 FAX028-666-5165 電話相談028-627-1122 月～土 13:30～16:00
	群馬（前橋市）	TEL027-289-2740・FAX027-289-2741 月～金10:00～15:00
	埼玉（さいたま市）	TEL048-814-1240・FAX048-814-1211 月・火・水・金・土10:00～15:00
	千葉（千葉市）	TEL043-204-8228 月・火・木13:00～16:00 電話相談043-238-7731 月・火・木・土10:00～16:00
	東京（新宿区）	TEL・FAX03-5367-8853 火・金10:00～15:00 電話相談03-5367-2339 火・金10:00～15:00
	神奈川（横浜市）	TEL045-548-8061・FAX045-548-8068 月・水・金10:00～16:00
	山梨（甲府市）	TEL055-244-2771・FAX055-244-2771 電話相談055-254-7711 月～金13:00～17:00
	長野（長野市）	TEL026-292-2243・FAX026-293-9946 電話相談026-293-0379 月～金9:00～12:00
	新潟（糸魚川市）	TEL・FAX025-550-6640
	富山（富山市）	TEL・FAX076-441-8998 電話相談076-441-8998 毎日20:00～23:00
	石川（金沢市）	FAX076-238-5762 電話相談070-5146-1025 火・水・木13:00～17:00
	福井（小浜市）	TEL0776-28-2929 FAX0776-63-6756 電話相談0776-22-5842 月～金12:00～16:00
	岐阜（羽島市）	TEL058-214-8690・FAX058-392-7805
	静岡（富士市）	TEL070-4492-9487・FAX0545-78-0624 電話相談0545-64-9042/0120-123-921 月・木・土・日10:00～15:00 第3日曜日休み
	愛知（東海市）	TEL0562-33-7048 FAX0562-33-7102 電話相談0562-31-1911 月～金10:00～16:00
	三重（鈴鹿市）	TEL・FAX059-227-8787
	滋賀（草津市）	TEL・FAX077-567-4565 フリーダイヤル受付 0120-294-473 月～金10:00～15:00
	京都（京都市）	TEL050-5358-6577・FAX075-205-5104 電話相談0120-294-677 月～金10:00～15:00
	大阪（茨木市）	TEL・FAX06-6626-4936 月・水・金11:00～15:00
	兵庫（神戸市）	TEL・FAX078-741-7707 月・木10:00～17:00 電話相談078-360-8477 月・金10:00～16:00
	奈良（奈良市）	TEL・FAX0742-41-1026 火・金10:00～15:00 土12:00～15:00
	和歌山（和歌山市）	TEL073-432-7660 FAX073-432-7661 月～土10:00～15:00
	鳥取（米子市）	TEL0859-37-6611 FAX0859-30-2980 月～金10:00～18:00
	島根（出雲市）	TEL0853-25-0717 FAX0853-31-8717 月～金10:00～16:00
	岡山（岡山市）	TEL086-232-6627 FAX086-232-6628 月～金10:00～15:00
	広島（広島市）	TEL082-254-2740 FAX082-256-5009 月・水10:00～16:00
	山口（山口市）	TEL083-925-3731 FAX083-925-3740 月～金10:00～16:00
	徳島（徳島市）	TEL088-678-8020 FAX088-678-8110 電話相談088-678-4707
	香川（高松市）	TEL087-899-2230 FAX087-899-2239
	愛媛（松山市）	TEL089-923-3760 FAX089-926-7825 月～金 10:00～16:00
	高知（高知市）	TEL・FAX088-821-2694 電話相談088-821-2818 月～金10:00～16:00
	福岡（福岡市）	TEL・FAX092-771-8595 火・金 10:30～15:30（第3火休み）
	佐賀（佐賀市）	TEL090-2717-9955 FAX0952-23-5218
	長崎（長崎市）	TEL・FAX095-842-3590 火・金10:00～16:00
	熊本（熊本市）	TEL・FAX096-223-5164 電話相談096-355-1755 水曜日を除く毎日 9:00～18:00
	大分（大分市）	TEL・FAX097-552-6897 火～金 10:00～15:00
	宮崎（宮崎市）	TEL0985-22-3803・FAX0985-41-4810
	鹿児島（鹿児島市	TEL・FAX099-251-3298 電話相談099-251-3887 火・水・金10:00～16:00
	沖縄県（うるま市）	TEL・FAX098-989-0159

※2023年11月現在（HPより）

認知症をもっと理解したい人へ　高室成幸・推薦の1冊

・**『認知症の人の気持ちがよくわかる聞き方・話し方』**
（池田書店）鈴木みずえ（監修）
・**『認知症の人がスッと落ち着く言葉かけ』**（講談社）右馬埜節子著
・**『認知症になった私が伝えたいこと』**（大月書店）佐藤雅彦著
・**『丹野智文 笑顔で生きる —認知症とともに—』**（文藝春秋）丹野智文著
・**『認知症になってもだいじょうぶ！：そんな社会を創っていこうよ』**
（徳間書店）藤田和子著
・**『認知症で使えるサービス・しくみ・お金のことがわかる本』**
（自由国民社）田中元著
・**『家族のための認知症Q&A—家族と病院と地域で支える』**
（滋慶出版／つちや書店）新井平伊著
・**『よくある「困りごと」への対応がわかる　認知症になった家族との暮らしかた』**
（ナツメ社）認知症の人と家族の会（監修）

た

な

は

さくいん

あ

か

さ

監修　高室成幸（たかむろ しげゆき）
1958年京都生まれ
日本福祉大学社会福祉学部卒
ケアタウン総合研究所 代表
http://caretown.com/
介護支援専門員や地域包括支援センター職員・施設の管理者層から民生児童委員まで幅広い層を対象に研修を行い、「わかりやすく元気がわいてくる講師」として高い評価を得ている。『もう限界!! 施設介護を考えるときに読む本』（自由国民社）など、著書・監修書は50冊近くに及び、雑誌の連載も多い。
日本ケアマネジメント学会所属

協力　奥田亜由子（おくだ あゆこ）
日本福祉大学社会福祉学部卒
社会福祉士、日本ケアマネジメント学会認定ケアマネジャー、主任介護支援専門員
日本福祉大学大学院福祉マネジメント修士課程修了
日本福祉大学社会福祉学部非常勤講師

※本書は2015年6月2日に発行された『もう限界!!　認知症の家族を介護するときに読む本』（第3版）を
改訂・改題して発行しました。

身近な人が認知症かなと思ったら読む本

2011年2月12日　初版第1刷発行
2018年11月2日　第4版第1刷発行
2023年11月20日　第4版第3刷発行

監修者　高室成幸
発行者　石井　悟
発行所　株式会社 自由国民社
〒171-0033　東京都豊島区高田3-10-11
電話（営業部）03-6233-0781　（編集部）03-6233-0787
振替 00100-6-189009
ウェブサイト　http://www.jiyu.co.jp/
印　刷　大日本印刷株式会社
製　本　新風製本株式会社
編集協力　株式会社耕事務所
執筆協力　稲川和子　野口久美子　増澤曜子
本文デザイン　石川妙子
本文イラスト　山下幸子
カバーデザイン　JK